사람들의 생명을 위협하는
전염병 이야기

교과 연계 추천 도서

과학 5-2 4단원 우리 몸의 구조와 기능
과학 6-2 1단원 생물 리 생활
보건 5, 6학년 1단원 일상생활과 건강 ｜ 2단원 질병 예방과 관리 ｜ 6단원 사회와 건강

진짜진짜 공부돼요 10

사람들의 생명을 위협하는
전염병 이야기

2016년 11월 30일 초판 1쇄
2020년 7월 10일 초판 4쇄

글 신현배   그림 이소영
펴낸이 김숙분   디자인 김은혜·김바라   영업·마케팅 이동호
펴낸 곳 (주)도서출판 가문비   출판등록 제 300-2005-60호
주소 (06732) 서울 서초구 서운로19, 1711호(서초동, 서초월드오피스텔)
전화 02)587-4244~5   팩스 02)587-4246   이메일 gamoonbee21@naver.com
홈페이지 www.gamoonbee.com   블로그 blog.naver.com/gamoonbee21/
제조국 대한민국   사용 연령 8세 이상
주의사항 종이에 베이거나 긁히지 않게 조심하세요.

ISBN 978-89-6902-135-9 73400

ⓒ 2016 신현배

- 책값은 뒤표지에 있습니다.
- 잘못된 책은 구입하신 곳에서 바꾸어 드립니다.
- 이 책의 내용과 그림은 저자와 출판사의 허락 없이 사용할 수 없습니다.
- 한국출판문화산업진흥원 2016년 우수출판콘텐츠 제작 지원 사업 선정작입니다.

사람들의 생명을 위협하는

전염병 이야기

신현배 글 · 이소영 그림

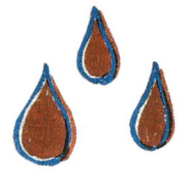

■ 작가의 말

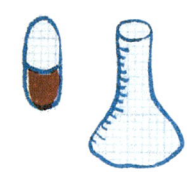

전염병은 세균과 바이러스 등의 병원균을 통해 전염되는 질병이에요. 병원균에 의해 사람에게서 사람으로, 또는 동물에게서 사람으로 전파되지요. 2010년부터는 감염으로 병이 난다는 뜻인 '감염병'이라 불리고 있으나, 일반적으로 쓰이는 감염병 중에서도 전염력이 강하여 쉽게 전염되는 병을 '전염병'이라고 해요.

전염병은 전염성이 강하여 집단적으로 발생하고 생명을 잃게 되기 때문에 사회에 큰 혼란을 불러일으켜요. 인류는 역사적으로 오랜 기간에 걸쳐 전염병의 유행으로 심한 고통을 겪어 왔어요. 오늘날에는 예방 백신 및 항생제의 개발과 보급으로 전염병에 의한 대규모 피해는 거의 사라졌지만, 지금도 천연두를 제외하고는 전염병이 여전히 인류의 생존을 위협하고 있답니다.

특히 현대에 와서는 에이즈·광우병·사스·에볼라바이러스·메르스·지카바이러스 등 새로운 전염병이 나타나 인류를 공포에 떨게 하고 있어요.

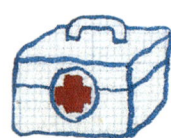

우리나라에서는 2015년 6월 한 달 동안 메르스가 온 국민을 공포로 몰아넣었어요. 38명의 목숨을 앗아간 메르스에 대한 두려움으로 사람들은 몸이 아파도 병원에 가는 것을 꺼렸으며, 공공장소에 갈 때는 마스크를 착용했어요. 학교는 휴교령을 내리고 시장이나 백화점, 지하철역은 매우 한산했지요. 첨단 과학 문명을 자랑하는 21세기에 대한민국은 전염병의 공포로부터 헤어 나오지 못했던 거예요.

〈사람들의 생명을 위협하는 전염병 이야기〉는 전염병 연구소 소장인 홍길동 박사의 입을 빌려 초등학교 어린 독자들에게 들려주는 전염병 이야기예요. 방학 때 창희, 세라 남매가 동네 도서관에서 열린 '어린이 전염병 교실'에 참석하면서 이야기가 시작되지요.

강사인 홍길동 박사는 2014년 서아프리카에서 전염병의 일종인 에볼라 바이러스가 발생해 수많은 사람들이 목숨을 잃었을 때, 그 현장에 뛰어들어 환자들과 함께 지내며 치료 활동을 펼쳤어요. 그는 전염병 예방 백신과

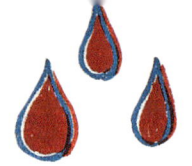
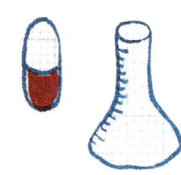

그 치료제를 개발하기 위해 전염병 연구소를 열었다며 어린이들에게 전염병에 대한 여러 가지 이야기를 들려준답니다.

이 책은 인류 역사에 큰 영향을 미친 전염병 이야기예요. 로마 제국을 무너뜨렸다는 말라리아 이야기, 중세 유럽을 삼킨 페스트 이야기, 아즈텍과 잉카 문명을 멸망시킨 천연두 이야기, 러시아 원정 때 나폴레옹 군대를 무찌른 발진티푸스 이야기, 공중위생에 힘쓴 의사 존 스노와 콜레라 이야기, 흑인 노예들의 아이티 독립을 도운 황열병 이야기, 인류를 공포에 떨게 한 스페인독감·조류독감·신종플루·사스·메르스·에볼라바이러스·에이즈·광우병 등 현대의 전염병 이야기, 전염병 예방에 관한 이야기 등이 펼쳐져요. 그뿐만 아니라 '국경을 뛰어넘어 활발한 구호 활동을 펼친 국경없는의사회', '생물학을 발전시키는 데 크게 이바지한 현미경', '조국 프랑스를 진심으로 사랑한 과학자, 파스퇴르', '어린이들이 많이 걸렸던 전염병, 홍역과 디프테리아', '우리나라에서 종두법 보급에 앞장선 지석영', '발진티

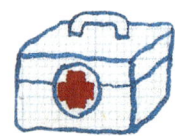

푸스와 말라리아 예방에 큰 공을 세운 살충제, DDT', '장티푸스 때문에 평생 갇혀 살았던 여인, 장티푸스 메리', '전염병이 돌면 우리나라 사람들은 보따리를 싸고 도망치기에 바빴다?', '결핵은 예술가가 걸리는 낭만적인 병?', '한센병 환자들을 돌본 다미앵 신부', '어린이들이 주로 걸렸던 무시무시한 전염병, 소아마비', '소나 돼지 등이 걸리는 전염병, 구제역', '우리나라 의학자 이호왕 교수가 세계 최초로 발견한 한탄바이러스', '손 씻기를 강조해 산모들의 목숨을 구한 의사, 제멜바이스', '옛날 사람들은 전염병을 퍼뜨리는 귀신을 쫓으려고 동짓날 팥죽을 끓였다?' 등등 전염병에 관한 다양한 정보와 흥미로운 이야기들을 각 장이 끝날 때마다 집중 소개했어요.

아무쪼록 어린이 여러분이 이 책을 통해 전염병에 대해 제대로 알아, 건강하고 지혜로운 사람으로 성장했으면 좋겠어요.

지은이 신현배

차례

제1장 '어린이 전염병 교실'이 열리다 · · · 11
우리나라를 발칵 뒤집어 놓은 전염병, 메르스(중동호흡기증후군)
국경을 뛰어넘어 활발한 구호 활동을 펼친 '국경없는의사회'

제2장 옛날 사람들은 전염병의 신이 있다고 믿었다? · · · 29
생물학을 발전시키는 데 크게 이바지한 현미경
조국 프랑스를 진심으로 사랑한 과학자, 파스퇴르

제3장 말라리아가 로마 제국을 무너뜨렸다? · · · 53
우리나라에서 '학질' 또는 '학'이라고 불렸던 말라리아
알렉산더 대왕은 말라리아를 앓다 죽었다?

제4장 페스트, 중세 유럽을 삼키다 · · · 73
'채찍 고행'으로 신의 분노를 풀어 페스트를 없앤다?
어린이들이 많이 걸렸던 전염병, 홍역과 디프테리아

제5장 아즈텍과 잉카 문명을 멸망시킨 천연두 · · · 91
천연두는 생물학 무기로 사용되었다?
우리나라에서 종두법 보급에 앞장선 지석영

제6장 러시아 원정 때 나폴레옹 군대는 발진티푸스에 무너졌다? … 117

발진티푸스와 말라리아 예방에 큰 공을 세운 살충제, DDT
장티푸스 때문에 평생 갇혀 살았던 여인, '장티푸스 메리'

제7장 펌프 손잡이를 떼어 내자 콜레라 유행이 끝나다 … 132

전염병이 돌면 우리나라 사람들은 보따리를 싸고 도망치기에 바빴다?
결핵은 예술가가 걸리는 낭만적인 병?

제8장 황열병이 흑인 노예들의 아이티 독립을 도왔다? … 146

한센병 환자들을 돌본 다미앵 신부
어린이들이 주로 걸렸던 무시무시한 전염병, 소아마비

제9장 인류를 공포에 떨게 한 현대의 전염병들
  – 스페인독감·조류독감·신종플루·사스·메르스·
    에볼라바이러스·에이즈·지카바이러스·광우병 … 168

소나 돼지 등이 걸리는 전염병, 구제역
우리나라 의학자 이호왕 교수가 세계 최초로 발견한 한탄바이러스

제10장 전염병을 예방하려면 어떻게 해야 할까? … 191

손 씻기를 강조해 산모들의 목숨을 구한 의사, 제멜바이스
옛날 사람들은 전염병을 퍼뜨리는 귀신을 쫓으려고 동짓날 팥죽을 끓였다?

제 1장
'어린이 전염병 교실'이 열리다

창희와 세라 남매는 가방을 둘러메고 방에서 나왔습니다.

거실에서 안방 쪽을 돌아보니 엄마가 거울 앞에 앉아 화장을 하고 있었습니다.

창희와 세라는 쪼르르 엄마에게 달려가 물었습니다.

"엄마, 어디 가?"

"응, 산부인과 병원에……. 외숙모가 아들을 낳았다고 아침 일찍 연락이 왔단다."

"정말? 야호! 우리에게 귀여운 동생이 생겼네!"

창희와 세라는 깡충깡충 뛰며 기뻐했습니다.

"엄마, 우리도 엄마 따라 병원에 갈까?"

"동생 얼굴을 빨리 보고 싶어."

창희와 세라가 엄마를 따라나서겠다고 하자 엄마는 고개를 저었습니다.

"안 돼! 너희들 지금 도서관에 가야 하잖아. 오늘부터 '어린이 전염병 교실'이 열리는데."

"그래도……. 오늘 안 가고 내일부터 가면 안 될까?"

"사흘 동안 열리는데 첫날부터 빠져서야 되겠니? 오전에 도서관에 다녀오고, 병원은 점심 먹고 오후에 가렴. 이모가 집에 들러 너희들을 차로 병원까지 데려다 줄 거야. 엄마는 병원에서 기다리고 있을게."

"알았어, 엄마. 먼저 가 있어. 우리도 뒤따라갈게."

오늘은 동네 도서관에서 '어린이 전염병 교실'이 열리는 날입니다. 전염병 연구소 소장인 홍길동 박사가 사흘 동안 어린이들에게 전염병에 관한 여러 가지 재미있는 이야기를 들려주기로 했습니다.

엘리베이터를 기다리며 세라가 입을 열었습니다.

"오빠, 우리 집에 외삼촌과 외숙모 결혼식 사진 있지?"

"응. 결혼식 마치고 신랑 신부와 일가친척이 같이 찍었지."

"그 사진도 있지만 외삼촌과 외숙모 친구들이 장난삼아 찍은 사진도 있잖아."

"아, 그 사진……."

창희는 2015년 초여름 시내에서 열린 외삼촌과 외숙모의 결혼식 장면이 문득 떠올랐습니다.

그해 6월을 생각하니 소름이 돋았습니다. '메르스(중동호흡기증후군)'라는 전염병 때문에 한 달 동안 온 국민이 공포에 떨었기 때문입니다.

메르스에 대한 두려움으로 사람들은 몸이 아파도 병원에 가는 것을 꺼렸으며, 공공장소에 갈 때는 반드시 마스크를 썼습니다. 일부 학교는 휴교령을 내렸고, 시장이나 백화점, 지하철역은 매우 한산했습니다. 결국 메르스로 36명이 목숨을 잃었습니다.

메르스 공포로 꽁꽁 얼어붙었을 때 결혼식을 하게 되었으니, 신랑 신부는 물론 신랑 신부의 가족과 친척들의 마음이 편치 않았습니다. 하지만 다행히 결혼 청첩장을 받은 사람들 대부분이 예식장을 찾아 주었습니다.

메르스 때문인지 예식장에는 마스크를 쓴 사람들이 눈에 많이 띄었습니다. 사람들은 결혼식이 진행되는 중에도 마스크를 벗지 않았습니다. 누군가 기침을 하면 눈살을 찌푸리며 자리를 피하기도 했습니다.

결혼식이 끝나자 사진 촬영이 이어졌습니다. 하객들은 신랑 신부와 함께 단체 사진을 찍을 때는 할 수 없이 마스크를 벗었습니다. 아무리 메르스가 무서워도 평생 추억으로 간직될 결혼식 사진에 마스크를 쓴 모습을 찍어 남길 수는 없었습니다. 그것은 신랑 신부에 대한 예의가 아니었습니다.

그런데 신랑 신부들의 친구들이 한데 모여 기념사진을 찍을 때였습니다.

신랑 친구 가운데 한 사람이 장난기 가득한 목소리로 이렇게 소리쳤습니다.

"우리 사진 한 장 더 찍읍시다! 모두 마스크를 가져오셨지요? 일제히 마스크를 쓴 채 사진을 찍읍시다!"

창희와 세라는 이 말을 듣고 웃음을 터뜨렸습니다.

"하하하, 재미있겠다. 모두 하얀 마스크를 쓰고 사진을 찍으면 공포 영화의 한 장면처럼 보이겠는 걸?"

"호호, 맞아. 나중에 사진 보면 좀 으스스하겠다."

곁에 있던 엄마가 어이없다는 표정을 지었습니다.

"참, 젊은 사람들이 너무하네. 요즘 메르스 때문에 죽는 사람이 한둘이 아닌데, 해괴한 장난을 해?"

아빠는 혀를 끌끌 찼습니다.

"쯧쯧, 저렇게 철이 없어서야 원……."

신랑 신부들의 친구들은 일제히 마스크를 썼습니다. 신랑 신부에게도 마스크를 씌웠습니다. 그리고 무표정한 얼굴로 단체 사진을 찍었습니다.

창희와 세라는 뒷날 외삼촌이 가져다 준 결혼식 사진을 보고 조잘거렸습니다.

"이 사진 좀 봐. 정말 멋져. 웃지도 않고 모두들 무표정한 얼굴로 마스크를 쓰니 공포 영화의 주인공들 같지?"

"헤헤, 그래. 나도 마스크를 쓴 채 같이 사진을 찍을 걸. 후회가 되네."

엘리베이터를 타며 창희가 말했습니다.

"세라야, 너도 마스크 쓰고 사진 찍을래? 오빠가 스마트폰으로 멋지게 찍어 줄게."

"치, 마스크가 어디 있어? 메르스 유행이 끝난 지가 언젠데. 그때 더운데 마스크 쓰고 다니느라 고생했단 말이야."

"변덕은……. 마스크 쓴 채 같이 사진 못 찍은 걸 후회할 때는 언제고……."

"오빠! 자꾸 그 얘기 할래? 그럼 엄마한테 일러바칠 테야. 집을 나설 때만 마스크 쓰고, 학교에서는 답답하다고 줄곧 벗고 다녔었다고……."

"아유, 여우 같은 것……. 알았다. 다시는 그 얘기 안 할 테니 너도 입 다물어."

창희와 세라는 아파트 단지를 벗어나 대형 쇼핑센터 쪽으로 갔습니다. 도서관은 대형 쇼핑센터 옆에 자리 잡고 있었습니다.

방학 때면 자주 찾는 곳이 도서관이었습니다. 남매는 1층 '어린이실'에 앉아 책을 읽다가 서너 권씩 책을 빌려왔습니다. '어린이 전염병 교실'은 어린이실 옆에 붙어 있는 문화 교실에서 열렸습니다.

창희와 세라는 어린이실 앞을 지나 문화 교실로 들어갔습니다. 30석쯤 마련된 아담한 교실에는 10여 명의 아이들이 앉아 있었습니다. 그 가운데 서너 명은 창희와 세라도 아는 학교 친구들이었습니다.

"똥배야, 안녕. 오랜만이다. 방학하고 처음 보지?"

"응. 방학하자마자 시골 할머니 댁에 다녀왔어. 어제 서울로 올라왔지."

'똥배'는 '동배'의 별명이었습니다. 4~5학년 때까지 같은 반이었는데, 몸이 통통하고 배가 나왔습니다. 동배는 순한 아이여서 자기를 '똥배'라고 불러도 화를 내기는커녕 히죽 웃기만 했습니다.

"세라야, 너도 등록했구나. 반갑다."

세라에게 인사를 건넨 여자아이는 같은 아파트 단지에 사는 다은이였습니다. 얼마 전에 이사를 와서 다른 학교에 다니지만, 학원에서 만나 친해졌습니다. 세라와 같은 학년인 4학년이었습니다.

"천연두, 너도 왔구나. 전염병 교실에서 네가 빠질 리 없지."

"천연두라고 부르지 마. 내 이름은 전연두야."

창희에게 항의한 아이는 창희와 3학년 때 같은 반 친구인 연두였습니다. 여자아이처럼 가냘픈 몸에 도수 높은 안경을 썼습니다. 무슨 말을 해도 늘 웃기만 하는 동배와 달리, 연두는 사사건건 말이 많고 지기 싫어하는 아이였습니다. 그래서 학교에서 마주치면 창희와 입씨름을 하는 경우가 많았습니다.

'어린이 전염병 교실'은 오전 10시에 시작되었습니다. 정각 10시에 도서관 사서 선생님이 낯선 아저씨 한 사람을 데리고 교실 안으로 들어왔습니다.

사서 선생님은 아이들에게 아저씨를 소개했습니다.

"여러분, '어린이 전염병 교실'에 온 것을 환영해요. 여러분에게 월요일부터 수요일까지 전염병에 관한 재미있는 이야기를 들려주실 강사 선생님은 전염병 연구소 소장인 홍길동 박사님이에요. 박사님을 박수로 맞이해 주세요."

아이들은 짝짝짝 환영의 박수를 쳤습니다. 그러자 홍길동 박사는 전봇대처럼 큰 키에 어울리지 않게 머리가 땅에 닿도록 허리를 굽혀 인사를 했습니다. 아이들은 그 모습이 우스꽝스러워 까르르 웃었습니다.

홍길동 박사는 교탁 앞에 서서 자기소개를 했습니다.

"여러분, 모두 초등학교에 다니지? 4~6학년이 모인 것 같은데, 우리 집 아이들 또래라서 말을 놓겠다. 나는 방금 도서관 사서 선생님이 소개하신 대로 오늘부터 사흘 동안 여러분과 전염병에 대해 공부할 전염병 연구소 소장 홍길동 박사다."

홍길동 박사가 인사말을 하자 창희가 큰 소리로 외쳤습니다.

"박사님, 왜 하필 이름이 홍길동이에요? 홍길동처럼 동에 번쩍 서에 번쩍 하시나요?"

창희의 질문에 아이들이 웃음을 터뜨렸습니다. 홍길동 박사도 '요 녀석 봐라?' 하는 표정으로 창희의 얼굴을 들여다보더니 이렇게 대답했습니다.

"아버지께서 내 이름을 '길동이'라고 지어 주신 것은 나름대로 깊은 뜻이

있단다. 인생길을 가며 만나는 사람들에게 '길동무' 가 되어 주라고 이런 이름을 지어 주셨거든. 그런데 나는 아버지의 바람대로 살지 못하고 〈홍길동전〉의 홍길동처럼 동에 번쩍 서에 번쩍 하며 살았단다. 세계 곳곳에서 전염병이 발생하면 한걸음에 달려가 전염병 환자들을 치료하는 의료 봉사 활동을 했으니까. 내가 본래 의학을 전공해서 의사로 일했거든. 자원 봉사자들로 이루어진 단체인 '국경없는의사회'에 들어가 환자들을 돌보았어. 2014년 서아프리카에 에볼라바이러스라는 전염병이 유행해 수많은 사람들의 목숨을 앗아갔을 때는, 그 현장을 누비며 구호 활동을 벌였어. 마을마다 하루에도 수십 명씩 전염병으로 목숨을 잃었으니 전쟁터와 다름없었어. 전염병과 싸우는 일은 정말 전쟁보다 무서웠지."

홍길동 박사는 생각만 해도 끔찍한지 입술을 깨물었습니다.

그때 연두가 물었습니다.

"홍길동 박사님, 강의 시간에 어떤 이야기를 들려주실 거죠? 두 시간 동안 재미없는 이야기만 지루하게 늘어놓으실 건가요?"

"하하, 걱정하지 마라. 듣기 괴로울 만큼 재미없지는 않을 테니……. 전염병에 대한 여러 가지 재미있는 이야기를 들려줄 거야."

"정말요? 우선 맛보기로 재미있는 이야기 한 토막 들려주실래요?"

세라가 부탁하자 홍길동 박사는 고개를 끄덕였습니다.

"그럴까? 아프리카 이야기를 먼저 꺼냈으니, 아프리카의 전염병 신에 관한 옛이야기를 들려주지."

"야호, 신난다!"

아이들이 소리치자 홍길동 박사는 싱긋 웃으며 이야기를 시작했습니다.

남아프리카에서 전해지는 이야기란다.

옛날에 전염병으로 가족을 잃은 할머니가 있었어.

할머니는 열 살도 되기 전에 부모님을 여의었어. 마을에 전염병이 퍼졌기 때문이었지. 따라서 고아로 자랄 수밖에 없었어.

그런데 형제자매도 그녀 곁에 오래 머물지 못했어. 하나 둘 전염병에 걸려 서둘러 하늘나라로 떠난 거야.

다음에는 그녀의 친척들에게 병마가 찾아왔어. 친척의 씨를 말리려고 작정했는지, 몇 년 사이에 대부분의 친척들이 쓰러져 땅에 묻혔어.

이제 남은 것은 그녀 혼자였어. 하지만 그녀는 용케도 살아남아 아름다운 처녀로 자라났어.

마을 총각들은 모두 그녀를 좋아했어. 그녀는 그 가운데서 잘나고 성실한 총각을 골라 결혼식을 올렸어.

신혼 생활은 행복했어. 그녀는 사랑하는 남편과의 사이에 여러 명의 자녀를 두었어. 아이들은 건강했으며 무럭무럭 잘 자랐단다.

그러던 어느 날, 마을에 전염병이 돌았어. 남편은 그녀와 어린 자식들을 남겨둔 채 조용히 눈을 감았어.

그녀는 슬퍼할 사이도 없이 전염병으로부터 아이들을 지켜야 했어.

그녀는 사자도 잡는다는 큰 화살을 집 안에 두었어. 그러고는 대문 쪽으로 활을 겨누며 이를 악물었어.

'전염병의 신 리에자야! 나는 너를 용서할 수 없다. 어릴 적 내 가족과 친척을 남김없이 데려가더니 이제는 남편까지 데려가? 너는 지금 내 아이들을 노리고 있겠지? 리에자야, 좋은 말로 할 때 물러가라. 내 아이들에게 손을 뻗치면 이 화살이 네 심장을 뚫을 것이다.'

그녀의 눈동자는 리에자에 대한 증오심으로 이글이글 타올랐어.

그녀의 그런 모습을 보고 겁을 집어먹었는지, 아이들에게는 전염병이 찾아오지 않았어. 아이들은 아무 탈 없이 잘 자랐으며, 어른이 되어 저마다 행복한 가정을 이루었어.

손자 손녀들이 태어났고, 그녀는 이제 할머니가 되었지.

그런데 어느 날 불현듯 이런 생각이 머리를 스치고 지나갔어.

'세월이 많이 흘렀구나. 내가 할머니 소리를 듣게 되다니. 리에자도 나처럼 많이 늙었겠지?'

그녀는 피식 웃음이 나왔어.

'나는 내 가족과 친척, 그리고 남편을 빼앗아 간 리에자를 한시도 잊지 못하겠어. 그를 증오하고 원망하며 오랜 세월을 살아왔지. 복수의 칼을 갈

면서. 하지만 이제는 리에자를 내 기억에서 지워 버릴 수 있을 것 같아.'

그녀는 저도 모르게 이렇게 중얼거렸어.

"전염병의 신 리에자야. 그만 떠나가거라. 너를 보내 줄게."

그런데 이때 누군가가 눈을 번쩍 떴단다. 그녀의 머리카락에 붙어 자던 리에자였어. 리에자가 기나긴 잠에서 오랜만에 깨어난 거야.

"네가 내 이름을 불렀니? 나를 보내 주겠다고?"

리에자는 그녀 앞에 모습을 드러내고 따져 물었어.

그녀는 리에자를 보고도 놀라지 않았어. 오히려 차분한 목소리로 자기 속마음을 털어놓았어.

"그래, 리에자. 나는 너를 증오하며 평생을 살아왔지. 너는 내 주위에 있는 사람들을 몽땅 데려갔으니까. 나는 하루에도 열두 번씩 너를 머릿속에 떠올리며 복수의 칼을 휘둘렀단다. 하지만 세월이 흐르니 이 모든 것이 부질없다는 생각이 드는구나. 이제는 너를 잊어버릴 수 있겠어. 그래서 너를 내게서 떠나보내겠다고 한 거야."

리에자는 그녀를 빤히 쳐다보더니 어이없다는 듯 픽 웃었어.

"나를 떠나보내겠다고? 꿈도 야무지네. 내가 너랑 헤어질 것 같아? 어림도 없지. 나는 절대로 네 곁을 떠나지 않아."

그녀는 오싹 소름이 돋았어. 리에자를 깨웠으니 그가 또 무서운 전염병을 몰고 올 것 같았어.

리에자의 공격은 이튿날부터 시작되었어. 멀쩡하던 자식들이 앓아눕더니, 며칠을 못 넘기고 저 세상 사람이 되었어.

그녀는 미쳐 버릴 것 같았어. 리에자의 무자비한 공격 앞에 아무 저항도 못하고 가족들을 빼앗기다니…….

'더는 살고 싶지 않아. 나도 하늘나라로 가자.'

그녀는 스스로 목숨을 끊으려고 했어. 그러자 리에자가 나타나 싸늘한 목소리로 말했어.

"죽기는 왜 죽어? 너는 아직 죽을 때가 아니야. 신에게 맞섰으니 그 벌을 받아야지."

리에자의 장난인지 그녀에게 믿을 수 없는 일이 벌어졌어. 주름이 없어지면서 젊은 시절로 돌아간 거야. 몸에서는 기운이 넘쳐흘렀지.

이제는 죽고 싶은 생각이 싹 사라져 버렸어. 그러고는 문득 이런 생각이 머리를 쳐들었어.

'사람은 어째서 병에 걸리는 걸까? 신을 만나 물어봐야겠다.'

그녀는 신을 만나러 하늘나라에 가려고 새로운 일을 시작했어. 날마다 숲에서 나무를 베어 하늘에 닿을 사다리를 만들었어.

사다리는 몇 십 년 만에 완성되었어. 그녀는 하늘 꼭대기에 사다리를 걸치고 첫발을 올렸어.

그런데 순간, 사다리가 힘없이 무너졌어. 맨 처음 만든 부분이 썩어 삭아 버린 거였어.

그래도 그녀는 신을 만나겠다는 마음을 버리지 않았어.

'이 세상의 끝을 찾아가자. 하늘나라로 가는 길이 있을 거야.'

이렇게 생각한 그녀는 이 세상의 끝을 찾아 헤맸어. 그렇지만 어디를 가도 하늘나라로 가는 길을 찾을 수 없었어.

그녀는 다시 할머니가 되었어. 그 사이 알게 된 것이 있었지. 사람은 누구나 병을 앓고, 리에자는 모든 사람들의 등 뒤에 앉아 있다는 사실을 말이야.

'신을 만나도 소용없어. 사람은 어차피 병들어 죽을 수밖에 없는 운명인 걸.'

그녀가 이런 생각을 했을 때 뒤에서 누군가 말했어.

"너는 그것을 이제야 깨달았니? 나는 언제나 네 등 뒤에 앉아 있단다."

그녀가 돌아보니 리에자였어. 그녀는 리에자의 손을 잡으며 말했지.

"나를 어서 데려가라. 항복할게."

"좋아. 가족들에게로 보내 주지."

리에자는 그녀의 손에 전염병을 쥐어 주었어. 그러고는 묘한 웃음을 지으며 중얼거렸지.

"나는 별로 잔인하지 않아. 죽음의 신에 비하면 아무것도 아니야."

그녀는 전염병으로 쓰러졌고, 곧 가족들이 기다리고 있는 하늘나라로 떠났단다.

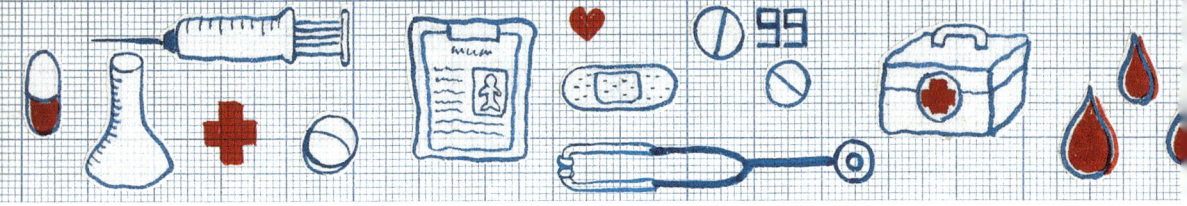

우리나라를 발칵 뒤집어 놓은 전염병, 메르스(중동호흡기증후군)

중동호흡기증후군은 코로나바이러스 감염에 의한 호흡기 질환이에요. 주로 중동 지역을 중심으로 유행하여 '메르스(MERS, Middle East Respiratory Syndrome)'라는 이름을 얻었어요.

메르스는 2012년 6월 사우디아라비아에서 처음 환자가 생겨난 뒤 중동 지역에 집중적으로 발생했어요. 2015년 5월 30일까지 25개국에서 1,172명의 환자가 나와 그 가운데 479명이 목숨을 잃은 것으로 밝혀졌어요.

메르스는 낙타가 새끼를 낳는 때인 3~5월에 환자가 많이 나왔어요. 3~5월은 낙타와 사람의 접촉이 많은 철이라서 낙타를 매개체로 하여 감염 전파된 것으로 추정하고 있어요. 하지만 낙타는 메르스에 걸려도 감기 증상 이후의 징후는 나타나지 않는답니다.

메르스에 걸리면 2~14일(평균 5일)의 잠복기를 거친 뒤 38도 이상의 높은 열과 기침·호흡 곤란·숨 가쁨 등의 호흡기 증상을 보여요. 심해지면 급성신부전 등의 증상을 일으켜 사망에 이르게 해요.

메르스는 환자와의 신체 접속, 침이나 콧물 등의 체액으로 옮을 수 있어요. 따라서 환자와의 접촉을 피하고, 물과 비누로 손을 자주 씻으며, 사람들이 많이 모이는 곳은 되도록 피하는 것이 좋아요.

메르스는 현재까지 예방 백신이나 치료제가 없어요. 증상에 따라 내과적 치료를 하고, 증상을 완화시키는 기존 바이러스 치료제를 사용한답니다.

2015년 5월 20일 우리나라에서 메르스 첫 환자가 나온 뒤, 단기간에 환자가 급

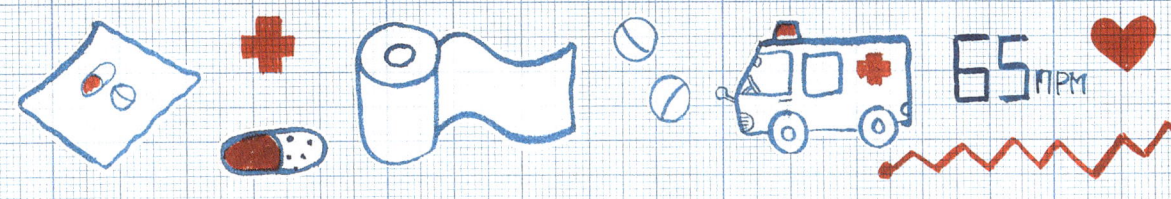

증하여 186명에 이르렀고, 그 가운데 38명이 세상을 떠났어요. 격리 대상자가 1만 6천 명까지 늘어 전국은 메르스 공포에 떨었어요. 백화점·시장·지하철역 등은 한산했으며, 2천 개가 넘는 학교에서 휴교령을 내렸어요. 메르스 사태는 그해 12월 24일 0시를 기준으로 환자 수가 0명이 되어 정부가 메르스 상황 종료를 공식 선언함으로써 끝이 났답니다. 그러나 우리나라는 사우디아라비아에 이은 메르스 발병 세계 2위라는 오명을 썼지요.

국경을 뛰어넘어 활발한 구호 활동을 펼친 '국경없는의사회'

'국경없는의사회(MSF)'는 세계 최대의 국제 의료 구호 조직이에요. 도움이 아주 절실한 세계 60여 개국에서 3천여 명의 국제 구호 활동가와 3만여 명의 현지인 직원이 활동하고 있어요. 미국·독일·스위스·네덜란드·에스파냐·일본 등 세계 29개국에 사무소를 두고 있고, 우리나라도 2012년에 사무소를 열었어요.

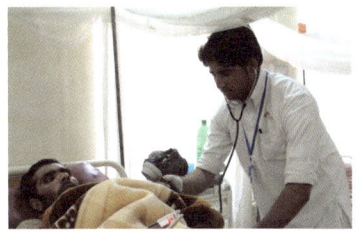

의료 활동을 펼치고 있는 '국경없는의사회' 의사.

'국경없는의사회'가 설립된 것은 1971년이에요. 1968년 나이지리아 내전에 파견된 프랑스 적십자사 소속 의사들이 현지의 참상을 목격한 뒤, '정치·종교·경제적 권력으로부터의 자유'라는 슬로건을 내걸고 의료 구호 활동을 벌였어요.

'국경없는의사회'는 1972년 니카라과 대지진 때 구호 활동을 펼친 것을 시작으로 베트남·이라크·코소보·동티모르·수단·소말리아·에티오피아·북한·아이티 등 전쟁·기아·질병·자연 재해 등의 재난이 있는 곳이면 앞장서서 달려

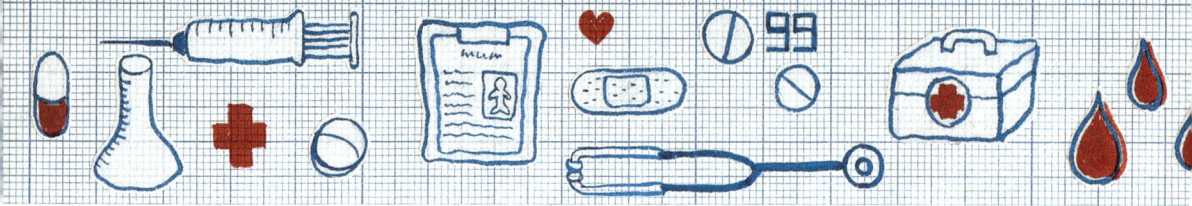

가 꾸준한 활동을 벌였지요. 특히 2014년 4천여 명이 목숨을 잃은 서아프리카 에볼라바이러스 사태 때에는 5천여 명의 자원 봉사자들이 진료에 참여하여 수많은 사람들을 살려 냈어요.

'국경없는의사회'는 이런 의료 구호 활동의 공로를 인정받아 1996년 서울평화상, 1999년 노벨 평화상, 2015년 래스커상 등을 받았답니다.

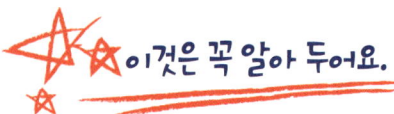

메르스는 어떤 경로로 전염되나요?
환자와의 신체 접속, 침이나 콧물 등의 체액으로 옮을 수 있어요.

메르스의 예방법을 알아보아요.
환자와의 접촉을 피하고, 물과 비누로 손을 자주 씻으며, 사람들이 많이 모이는 곳은 되도록 피하는 것이 좋아요.

전쟁·기아·질병·자연 재해 등의 재난이 있는 곳이면 앞장서서 달려가 구호 활동을 벌이는 세계 최대의 국제 의료 구호 조직은?
국경없는의사회(MSF).

제 2 장
옛날 사람들은 전염병의 신이 있다고 믿었다?

"이야기 속의 주인공이 몹시 불쌍해요. 어려서는 부모님과 형제자매, 일가친척까지 모두 전염병으로 잃고, 어른이 되어서는 남편과 자식, 손자 손녀들까지 저 세상으로 떠나보내잖아요. 전염병의 신이 잔인하고 무서워요."

세라가 슬픈 표정을 지으며 홍길동 박사에게 말했습니다.

"아프리카에 그렇게 무시무시한 전염병의 신이 있었다니⋯⋯. 우리는 대한민국 땅에 태어난 것이 얼마나 다행스러운지 몰라요."

세라의 친구인 다은이가 이렇게 말하자 홍길동 박사는 고개를 저었습니다.

"아프리카뿐만이 아니야. 우리나라에도 전염병의 신이 있었단다."

"정말요?"

아이들은 깜짝 놀라 눈이 휘둥그레졌습니다.

> **콜레라**
> 콜레라균에 의해 일어나는 소화기계의 전염병으로 구토와 설사를 한다. 환자가 발생하면 특정 병원에 격리시켜 치료를 한다. 콜레라가 유행할 때는 생수나 날 음식을 먹지 말아야 한다.
>
> **천연두**
> 사망률이 매우 높은 전염병으로, 한때 세계 전체 사망 원인의 10%를 차지하기도 하였다. 1879년 지석영에 의한 본격적인 종두 사업이 시행됨으로써 점차 감소될 가능성을 보였다. 1979년에 사라진 질병으로 선언되었다.

"우리나라에는 옛날부터 '호열자'라고 불리던 콜레라★, '두창'이라고 불리던 천연두★ 등 여러 전염병이 많이 돌았어. 어느 지역에서 전염병이 시작되면 순식간에 전국으로 퍼져 수많은 사람들이 목숨을 잃었지. 그런데 옛날 사람들은 전염병 귀신 때문에 병에 걸린다고 믿었단다. 예를 들면, 천연두는 병을 퍼뜨리는 '손님마마(마마귀신, 역신마마, 별성마마 등 여러 이름으로 불림)'가 있어 그가 나타나면 병에 걸린다고 생각했어."

"우리나라에도 전염병의 신이 있었군요. 홍길동 박사님, 요즘도 전염병의 신이 있나요?"

창희가 교실문 쪽을 힐끔거리며 조심스럽게 물었습니다. 전염병의 신을 입에 올리면 금방이라도 전염병의 신이 교실문을 열고 들이닥치지 않을까 불안한 얼굴이었습니다.

홍길동 박사가 대답했습니다.

"전염병의 신은 처음부터 없었어. 옛날부터 이런저런 전염병이 많이 돌아 사람들이 떼죽음을 당하니까 그렇게 생각한 거야. 너희들, 사람이 왜 질병에 걸리는지 아니?"

홍길동 박사가 별안간 아이들에게 질문을 던졌습니다.

"글쎄요. 남들에게 못되게 굴어서 병에 걸리는 게 아닐까요?"

동배가 웃으며 말하자 홍길동 박사도 빙그레 웃었습니다.

"비슷하게 맞혔다. 내가 이제부터 들려주려는 이야기가 바로 그런 내용이거든. 사람이 왜 병에 걸리는지 과학적인 설명을 하기 전에 질병의 유래를 밝힌 그리스의 옛이야기를 해 주지."

"와아! 고맙습니다."

아이들이 환호성을 질렀습니다.

까마득히 먼 옛날, 신들의 왕인 제우스가 프로메테우스, 에피메테우스 형제를 불러 말했어.

"너희들이 해야 할 일이 있다. 흙을 잘 반죽해서 온갖 동물들을 만들어라. 특히 모든 동물 가운데 가장 뛰어난 사람을 새로 만들어라."

"알겠습니다. 분부하신 대로 하겠습니다."

프로메테우스와 에피메테우스는 '티탄'이라는 거인족이었어. 제우스는 티탄과 큰 싸움을 벌였는데, 이때 프로메테우스 형제는 제우스 편을 들어 무사할 수 있었지.

프로메테우스와 에피메테우스는 제우스의 명을 받고 땅으로 내려왔어. 그리고 진흙을 물에 반죽해서 온갖 동물들과 사람을 만들기 시작했지.

형제는 일을 나누어 했어. 프로메테우스가 사람을 만들었고, 에피메테우스가 온갖 동물들을 만들었어.

프로메테우스라는 이름은 '먼저 생각하는 이'라는 뜻이야. 프로메테우스는 그 이름에 걸맞게 아주 지혜롭고 영리한 신이었어. 그는 신들의 모습을 본떠 사람의 모습을 정성스럽게 빚었어.

에피메테우스라는 이름은 '나중에 생각하는 이'라는 뜻이란다. 에피메테우스는 성미가 급해 생각하지 않고 행동부터 했어. 그래서 에피메테우스는 이번에도 실수를 저지르고 말았어.

제우스는 형제를 땅으로 내려 보낼 때 동물과 사람에게 나누어 줄 여러 가지 선물을 주었단다. 그래서 동물들은 하늘을 날 수 있는 날개, 날카로운 이빨과 발톱, 단단한 뿔, 날쌘 다리, 냄새를 잘 맡는 코, 멀리 떨어진 곳의 소리도 가깝게 들을 수 있는 귀 등을 얻을 수 있었지.

프로메테우스가 사람을 완성했을 때 에피메테우스가 난처한 표정을 지으며 말했어.

"형, 어쩌면 좋지? 제우스님이 주신 선물을 동물들에게 모두 나누어 줘서 사람에게 줄 선물이 없어."

"쯧쯧, 너는 어찌 그리 생각이 없니? 사람에게 줄 선물을 따로 챙겨 놓았어야지."

"미안해. 내가 너무 덤벙댔나 봐."

프로메테우스는 심각한 표정으로 생각에 잠겼어.

'사람에게도 선물을 주어야 해. 안 그러면 다른 동물들에게 잡아먹히고 말 거야. 사람에게 무엇을 선물할까? 이왕이면 다른 동물들에게 없는 것을 선물했으면 좋겠는데……'

생각에 잠겨 있던 프로메테우스의 얼굴빛이 환해졌어.

'옳지! 사람은 두 발로 서서 걷게 만들자. 그리고 다른 동물들에게는 없는 뛰어난 기술을 주자.'

프로메테우스는 먼저 지혜의 여신인 아테나를 불렀어. 아테나는 생명이 없는 진흙 사람들에게 숨을 불어넣었어. 그러자 사람들이 벌떡 일어나 두 발로 걷기 시작했어.

프로메테우스는 아테나 여신에게 집 짓는 법과 농사짓는 법, 배를 만드는 법, 읽고 쓰고 셈하는 법, 사냥하는 법 등을 배웠어. 그러고는 그 모든 것을 자기가 만든 사람에게 전해 주었지.

사람들은 틈만 나면 사냥을 나가 짐승들을 잡았어.

그러자 동물들이 성이 나서 한자리에 모여 회의를 했어.

"우리는 사람보다 힘이 세고 빨리 달리지. 날카로운 이빨과 발톱도 갖고 있어. 그런데 왜 허구한 날 우리보다 약한 사람에게 잡히는 거지?"

"그건 프로메테우스님이 사람들에게 아주 특별한 능력을 주어서 그래."

"맨날 사람들에게 당하고만 살 수 없어. 힘을 합쳐 싸우자고."

이렇게 말한 것은 덩치 큰 백곰이었어.

사자가 코웃음을 쳤어.

"사람들과 싸우자고? 날카로운 이빨과 발톱을 지녀도 사람들에게 늘 당하는데 무슨 수로 그들을 이겨?"

"너무 약한 소리 하지 마. 우리도 사람들처럼 칼이나 창 같은 무기를 가지면 사람들을 물리칠 수 있어. 우리는 힘도 세고 동작도 빠르니 사람들보다 무기를 잘 사용할 수 있다고."

동물들은 백곰의 의견을 받아들여, 무기를 구해 사람들과 맞서 싸우기로 했지.

하지만 문제가 생겼어. 날카로운 발톱 때문에 무기를 마음대로 쥘 수가 없는 거야. 동물들은 울상을 지었어.

"어떡하지? 무기를 도저히 사용할 수가 없어."

"발톱을 잘라 버리자. 그러면 무기를 쥘 수 있어."

"그건 안 돼! 발톱은 에피메테우스님이 우리에게 주신 귀한 선물이야. 함부로 잘라 버릴 수 없어."

"맞아. 날카로운 발톱이 없으면 우리는 모두 굶어 죽을 거야. 사냥을 제대로 할 수 없으니까."

동물들은 몇 날 며칠 회의를 했어. 그리하여 마침내 이런 결정을 내렸지.

"우리 사슴들은 사람들이 우리를 함부로 잡으면 사슴의 정령에게 기도하여 사람들이 다리를 절룩거리게 만들 거야."

"우리 토끼들도 사람들이 우리를 마구 잡으면 가만있지 않을 거야. 토끼의 정령에게 기도하여 사람들이 눈병에 걸리도록 만들 거야."

"우리 개구리들도 사람들이 우리를 닥치는 대로 잡으면 당하고만 있지 않겠어. 개구리의 정령에게 기도해서 사람들이 설사병에 걸리도록 만들 거야."

그리하여 사람들이 사는 세상에는 눈병·설사병·감기 등 가벼운 병에서부터 중풍·심장병·암 등 무거운 병까지 온갖 병들이 만들어졌어. 물론 콜레라·천연두·말라리아 등 무서운 전염병도 이때 만들어졌지.

식물들은 동물들이 사람들에게 크고 작은 병을 만들어 벌을 주기로 했다는 소식을 듣고 한자리에 모여 회의를 했어.

"왜 사람들이 벌을 받아야 하지? 사람들은 먹고 살기 위해 할 수 없이 동물들을 사냥한 것뿐인데……."

"맞아. 동물들도 먹고 살기 위해 큰 동물이 작은 동물을 사냥하잖아."

"사람들이 병에 걸려 괴로워하는 모습을 두고 볼 수 없어. 우리가 병을 치료하는 약이 되어 주자."

"좋아, 좋아."

식물들이 발 벗고 나선 덕에 세상에 약이 생겨났어.

하지만 식물 가운데는 사람보다 동물을 좋아하는 식물도 있었어. 예를 들면, 같은 버섯이라고 해도 사람 편을 드는 버섯이 있는가 하면, 동물 편을 드는 버섯이 있었어. 동물 편을 들던 버섯은 독버섯이 되었단다.

"홍길동 박사님, 이야기 잘 들었어요. 질병이 동물들 때문에 생겼군요."

"식물들이 참 고맙네요. 우리를 도와주려고 스스로 약이 되어 주다니요."

"저는 사람들을 끔찍이 사랑하여 사람들을 위해 많은 일을 한 프로메테우스 이야기가 감동적이었어요. 저도 그리스 신화에서 진흙으로 사람을 만든 이야기를 읽은 적이 있는데, 동물이 사람들에게 복수하려고 정령의 도움을 받아 온갖 병을 만들었다는 이야기는 처음 들었어요. 참 재미있네요."

홍길동 박사가 이야기를 마치자 아이들은 돌아가며 한마디씩 했습니다.

"너희들이 내 이야기를 재미있게 들어 주니 고맙구나. 옛이야기는 들을수록 흥미롭지? 너희들이 모르는 재미있는 이야기를 많이 준비해 놓았단다. 틈틈이 들려줄게."

홍길동 박사의 말에 아이들은 기대에 찬 표정으로 박수를 쳤습니다.

"감사합니다, 박사님."

"고맙습니다. 이제부터는 진짜 수업에 들어가시죠."

"하하하, 너희들이 수업 걱정을 다 하다니……. 철이 들었네. 좋아, 약속대로 사람이 왜 질병에 걸리는지 과학적인 설명을 해 주지."

홍길동 박사는 아이들을 죽 둘러보더니 천천히 입을 열었습니다.

지금까지 살아오면서 한 번도 감기에 걸린 적이 없는 사람은 없겠지? 때로는 음식을 잘못 먹어 식중독에 걸리기도 하고, 벌레에게 물려 가려움증에 시달리기도 하지. 이와 같이 사람을 비롯한 생물에게 이상이 생기는 상태를 '질병'이라고 해. 질병은 몸의 전체 또는 일부가 일시적 혹은 계속적으로 장애를 일으켜 정상적인 생활을 할 수 없게 만든단다. 질병에 걸리면 몸이 아프고 마음이 괴로워서 아무것도 할 수 없거든.

질병은 미생물인 병원체에 의해 사람에게 옮기는 감염성 질병과, 병원체 없이 병에 걸리는 비감염성 질병이 있어. 질병을 일으키는 병원체 때문에 생기는 전염병이 감염성 질병이고, 질병을 일으키는 병원체 없이 생기는 당뇨, 고혈압 등의 병이 비감염성 질병이야.

옛날 사람들은 사람들이 왜 질병에 걸리는지 정확히 알지 못했어. 질병에 걸리면 신이 내린 벌이나 귀신의 장난쯤으로 여겼지. 그래서 질병을 낫게 하려고 신에게 제사를 올리거나 귀신을 쫓는 의식을 벌였단다.

그런데 현미경이 발명되어 17세기에 와서야 미생물이 질병을 일으킨다는 사실이 밝혀지기 시작했지.

당시에 네덜란드에는 안톤 판 레이우엔훅*이란 사람이 살았어. 그는 고향에서 포목점을 운영하고 있었는데, 취미 삼아 평생 419개의 렌즈를 개발하여 현미경을 제작했어.

안톤 판 레이우엔훅 (1632~1723)
현미경의 발달과 미생물학의 정립에 큰 공헌을 하였다. 그는 스스로 렌즈를 갈아 만든 현미경으로 단세포 생물을 관찰하였다.

레이우엔훅은 현미경으로 머리카락, 피부, 벌레 등을 관찰했지. 그러던 1673년의 어느 날 그는 사물을 270배로 확대해서 볼 수 있는 현미경으로 빗물을 들여다보다가 소스라치게 놀랐어.

'이게 뭐지? 물속에 수백만 마리의 작은 생물들이 살아 움직이고 있네. 이럴 수가!'

레이우엔훅이 발견한 생물은 너무 작아 눈으로 볼 수 없던 것들이었어. 현미경을 통해서 그 존재를 처음으로 확인하게 된 거야. 그는 이 작은 생물에게 '미생물'이라는 이름을 붙였어. '눈으로 볼 수 없는 아주 작은 생물'이라는 뜻이었지.

레이우엔훅이 미생물을 발견했지만 사람들은 미생물에 대해 관심을 갖지 않았어. 그 미생물이 어떤 존재이고 어떤 역할을 하는지 아무도 알아내려 하지 않았지.

그로부터 200년이 지난 1865년 프랑스의 화학자이자 세균학자인 루이

파스퇴르*가 미생물이 질병을 일으킨다는 사실을 확인했어. 그때 그는 프랑스 남부 지방에서 유행한 누에병을 조사하고 있었어. 병든 누에들을 관찰하니 검은 좁쌀 같은, 미생물인 세균이 있는 거야. 파스퇴르는 이 세균이 누에병을 일으킨다는 것을 알고, 병든 누에들이 낳은 알은 모두 버렸어. 그 대신 세균에 감염되지 않은 누에알만 골라내어 부화시켰지. 그리하여 누에병이 전염되는 것을 막아 프랑스의 견사 산업을 구할 수 있었단다. 파스퇴르는 이 연구를 통해 미생물이 질병을 일으킨다는 사실을 밝혀냈지.

루이 파스퇴르 (1822~1895)
프랑스의 화학자이며 미생물학자. 백신 접종에 의한 전염병 예방법의 일반화에 성공하였다.

이런 사실은 다른 학자들도 연구로 밝혀냈어. 당시에 독일의 세균학자인 로베르트 코흐*는 탄저병을 연구하고 있었어. 탄저병은 19세기 최대의 산업인 양모업에 큰 타격을 주는 무서운 병이었어. 탄저병을 일으키는 세균인 탄저균은 50년 동안 땅속에 숨어 있다가 풀을 뜯는 양들에게 옮겨가, 수많은 양들을 죽음으로 몰아넣었어. 탄저병이 돌면 농장은 삽시간에 폐허로 변해 버렸단다.

로베르트 코흐 (1843~1910)
세균학의 창시자로 널리 알려져 있다. 탄저병의 원인균을 규명한 뒤 결핵의 병원체를 찾아냈다. 1883년에 콜레라균 상태를 살피고 그 감염경로를 밝혀 예방을 위한 대처 방법을 내놓았다.

의사로 일하던 코흐는 아내에게 생일 선물로 현미경을 받았는데, 어느 날 이 현미경으로 죽은 양의 검은 피를 관찰하고 있었어.

'어? 막대 모양의 물질이 있네. 건강한 양의 피에서는 볼 수 없던 거야.

이것이 혹시 파스퇴르가 찾아냈다는, 질병을 일으킨다는 미생물이 아닐까?'

코흐는 막대 모양의 균을 길러, 건강한 쥐의 몸에 상처를 내어 발랐어. 그러자 쥐는 하루 만에 탄저병에 걸려 죽어 버렸어.

'아, 이제 알겠다. 막대 모양의 물질이 탄저병을 일으키는 세균이로구나.'

코흐는 이렇게 연구를 통해 미생물인 세균이 탄저병을 일으킨다는 사실을 발견했어. 이때가 1877년이었지. 그 뒤에도 코흐는 여러 실험을 통해 결핵균과 콜레라균을 발견하여 명성을 얻었단다.

자, 그럼 미생물이 질병을 일으킨다는 사실을 알았으니, 미생물의 종류를 알아볼까? 대표적인 것으로 세균과 바이러스가 있단다.

세균은 '박테리아'라고도 불리는데, '막대기'를 뜻하는 그리스말 '박테리온'에서 비롯된 말이야. 공 모양, 나선 모양, 막대기 모양 등 세 가지 모양으로 되어 있는데, 실제로 막대기 모양의 세균이 많아서 그런 이름이 붙었지.

사람은 수조 개의 세포로 이루어진 데 반해, 세균은 단 하나의 세포로 구성된 단세포 생물이야. 크기가 아주 작아서 지름이 1밀리미터의 1,000분의 1인 1마이크로미터밖에 안 돼. 눈으로는 보지 못하고 현미경을 통해서만 볼 수 있지.

세균은 세포 분열을 통해 번식하는데, 매우 빨리 자라고 그 수가 금방 늘어난단다. 온도·영양 등 조건이 좋으면 대장균은 20분 만에 두 배로 늘어나지. 그렇게 번식을 계속하면 48시간 만에 수십억에 이르는 자손을 낳을 수 있단다.

　세균은 지구 상의 모든 곳에 살고 있어. 사람 몸속에도 들어와 사는데, 사람의 눈·코·귀·입·피부·머리카락·내장 등에 많이 모여 산단다. 세균은 우리 몸의 세포보다 100배나 더 많아. 하지만 이들은 대부분 우리 몸에 해를 끼치지 않아. 오히려 우리가 살아가는 데 도움을 주는 세균들도 있어. 이들은 음식을 소화시키거나 비타민을 만들어 주거나, 병을 일으키는 세균들의 침투를 막아 주기도 하거든. 그래서 세균이 없으면 우리는 단 하루도 살 수 없단다.

　세균·바이러스 등 질병을 일으키는 미생물을 병원균이라고 해. 병원균의 일종인 세균이 우리 몸속에 들어와 식중독·이질·폐렴·페스트·콜레라·디프테리아·장티푸스·한센병 등 무서운 질병을 일으켜 목숨을 빼앗기도 한단다.

　다음은 바이러스에 대해 알아볼까? 앞서 파스퇴르가 미생물인 세균이 질병을 일으킨다는 사실을 밝혀냈다고 했지? 파스퇴르는 광견병을 예방하는 백신★을 개발했지만, 정작 광견병을 일으키는 병원균은 발견하지 못했어. 당시의 현미경으로는 병원균을 볼 수가 없었거든. 그는 실패를 거듭한 뒤 이렇게 중얼거렸단다.

　"광견병을 일으키는 병원균은 세균보다 더 작은가 보지?"

백신
전염병에 대하여 인공적으로 면역을 주기 위해 생체에 투여하는 항원의 하나. 생균에 조작을 가하여 독소를 약화시키거나 균을 죽게 하여 만든 주사약이다.

현미경으로도 보이지 않으니……."

1892년 러시아의 식물학자 이바노프스키*는 담배모자이크병을 연구하고 있었어. 담배모자이크병은 담뱃잎에 모자이크 모양의 얼룩덜룩한 반점이 생기는 병이야. 이바노프스키는 이 병에 걸린 담뱃잎에서 즙을 짜내 다른 잎에 발랐어. 그랬더니 그 잎도 담배모자이크병에 감염되는 거야.

이바노프스키는 병을 일으키는 병원균을 걸러내려고, 종이와 필터를 이용해 만든 세균 여과기에 담배모자이크병에 걸린 담뱃잎에서 짜낸 즙을 흘려보냈단다. 이 여과기는 구멍이 매우 작아 어떤 세균도 통과할 수 없었지. 그런데 세균 여과기로 여과된 즙을 새로운 잎에 바르자, 그 잎도 담배모자이크병에 걸리는 게 아니겠니.

'이게 어찌된 일이지? 병원균이 걸러지지 않고 여과기를 통과해 버렸구나. 여과기의 필터에 문제가 있나 봐.'

이바노프스키는 여과기를 통과할 만큼, 세균보다 더 작은 생명체가 있으리라는 것은 생각하지 못했어. 결국 그는 연구를 그만두고 말았지.

1895년 담배모자이크병을 연구하고 있던 네덜란드의 식물학자 마루티누스 베이제린크는 이바노프스키와 달랐어. 그는 담배모자이크병의 병원균이 세균 여과기를 통과하자, '이 병원균은 세균보다 훨씬 작고 전혀 새로운 물질이구나.'라고 생각한 거야. 베이제린크는 이 물질에 라틴말로 '독'을

> 이바노프스키 (1864~1929)
> 담배모자이크병에 관한 연구로 바이러스의 많은 특징들을 처음으로 상세하게 규명했다. 1908년에 바르샤바 대학교의 교수로 임명되어, 특히 엽록소를 포함하는 구조인 엽록체와 식물의 잎에서 색소들이 갖는 역할에 특별한 관심을 가지고 광합성 과정을 연구했다.

뜻하는 '바이러스'라는 이름을 붙였어.

그러나 당시에 사람들은 담배모자이크병을 일으키는 바이러스에 대해 별다른 관심을 갖지 않았어. 베이제린크가 3년 뒤인 1898년 연구 결과를 발표했지만 아무도 주목하지 않았지.

하지만 1930년대에 와서 전자 현미경이 발명되어 바이러스의 모습을 볼 수 있게 되자 상황이 달려졌어. 바이러스는 세균과 다른 미생물로 사람들의 주목을 받게 되었지. 황열병·소아마비·천연두·홍역·광견병·독감·구제역·에이즈 등의 전염병이 바이러스에 의한 질병이라는 것이 밝혀지면서, 바이러스는 20세기에 가장 활발한 연구 대상이 되었단다. 사람들에게 옮기는 전염병의 70퍼센트 이상이 바이러스에 의해 생겨났지.

바이러스는 세균의 100분의 1 또는 1000분의 1 정도의 크기야. 워낙 작아서 보통의 광학 현미경으로는 볼 수 없고, 20만 배로 크게 보이게 하는 전자 현미경을 사용해야 볼 수 있단다.

바이러스는 모양이 다양해. 둥근 모양이 가장 많고 벽돌 모양, 총알 모양, 정이십면체 등이 있어. 바이러스는 세균과 달리 스스로 번식을 할 수 없어. 번식을 하려면 살아 있는 생물의 세포 속에 들어가야 해. 세포 속의 유전자를 자신의 유전자로 바꾸어 자기 복제를 하여 자기와 똑같은 바이러스를 많이 만들어내는 거야. 그렇게 되면 그 세포는 파괴되어 버리고, 세포에서 나온 바이러스들이 사람 몸에 질병을 일으킨단다.

여러분에게 이렇게 자세히 세균과 바이러스에 대해 설명하는 이유가 뭔지 아니? 전염병은 세균·바이러스 등의 병원균에 의해 사람에게서 사람으로, 또는 동물에게서 사람으로 전염되기 때문이야. 감염으로 병이 난다고 해서 '감염병'이라고 하는데, 감염병 중에서도 전염력이 강하여 쉽게 옮기는 질병을 '전염병'이라고 한단다.

우리 주위에 흔한 전염병으로는 물을 통해 옮기는 이질·장티푸스, 공기를 통해 옮기는 감기·결핵·홍역·디프테리아, 모기가 매개하는 말라리아·일본뇌염, 성 접촉으로 전염되는 임질·매독·후천성면역결핍증(에이즈) 등이 있어.

2015년 6월 우리나라에서 메르스 전염병 때문에 온 국민이 공포에 떨었지? 세계 역사를 돌아보면 전염병은 인류에게 가장 큰 공포였단다. 그럴 수밖에 없는 것이, 전염병은 전염성이 강하여 집단적으로 발생하고 수많은 사람들의 생명을 빼앗아 가거든. 역사적으로 오랜 기간에 걸쳐 전염병의 유행으로 인류는 심한 고통을 겪어 왔지.

19세기 후반에 와서 파스퇴르가 미생물(세균)이 질병(전염병)을 일으킨다는 사실을 밝혀낸 뒤, 예방 백신 및 치료제의 개발과 보급으로 전염병에 의한 대규모 피해는 거의 사라졌단다. 하지만 지금도 천연두를 제외하고는 전염병이 여전히 인류의 생존을 위협하고 있어. 특히 현대에 와서는 에이즈·광우병·사스·에볼라바이러스·메르스·지카바이러스 등 새로운 전염병이 나타나 인류를 공포에 떨게 하고 있지.

'어린이 전염병 교실'에서는 인류 역사를 뒤흔든 여러 전염병에 대해 함께 공부하려고 해. 로마 제국을 무너뜨렸다는 말라리아, 중세 유럽을 삼킨 페스트, 아즈텍과 잉카 문명을 멸망시킨 천연두, 러시아 원정 때 나폴레옹 군대를 무너뜨린 발진티푸스, 공중위생에 힘쓴 의사 존 스노와 콜레라, 흑인 노예들의 아이티 독립을 도왔던 황열병, 20세기에 와서 지구촌을 발칵 뒤집어 놓은 스페인독감·조류독감·신종플루·사스·메르스·에볼라바이러스·에이즈·지카바이러스·광우병 등에 대한 이야기를 들려줄게. 물론 흥미진진한 옛이야기를 곁들여서……. 재미있게 듣다 보면 저절로 공부가 될 거야.

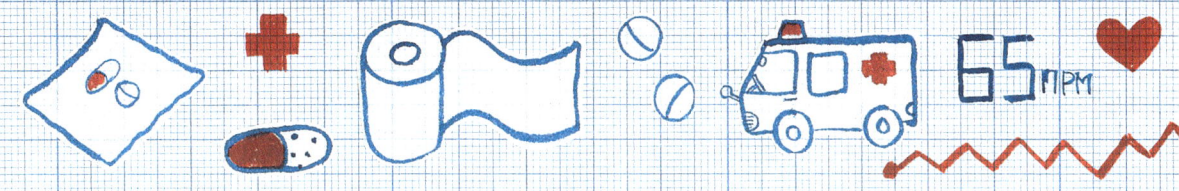

생물학을 발전시키는 데 크게 이바지한 현미경

현미경은 사람의 눈으로 잘 볼 수 없는 작은 물체를 크게 보이게 만든 기구예요. 16세기 후반 현미경이 발명되어 생물학을 발전시키는 데 크게 이바지했어요.

현미경을 최초로 만든 사람은 네덜란드 미들부르크의 안경 제조업자인 한스 얀센과 자카리스 얀센 부자였어요. 두 사람은 1590년 길이 40센티미터, 지름 5센티미터로 된 통 양 끝에 볼록렌즈와 오목렌즈 한 쌍을 붙여 현미경★을 만들었어요. 이들은 현미경으로 벼룩 같은 작은 곤충을 관찰했지요.

17세기가 되자 생물학자들은 현미경에 대해 관심을 갖기 시작했어요. 1661년 이탈리아의 말피기★는 현미경을 이용하여 개구리의 허파에서 모세혈관★을 발견했어요. 동맥과 정맥을 이어 주는 것이 모세혈관임을 처음으로 밝혀냈지요.

영국의 로버트 훅★은 손재주가 좋아 현미경을 직접 만들었어요. 그리고 1665년 그 현미경으로 코르크를 관찰했는데, 코르크의 미세한 조각에서 벌집 같은 구멍들을 발견했어요. 그는 이 구멍에 '방'이라는 뜻을 지닌 '세포'라는 이름을 붙였어요. 세포의 발견은 생물학의 획기적인 성과로 평가되고 있어요.

네덜란드의 포목점 상인이었던 안톤 판 레이우엔훅도 손재주가 뛰어난 사람이었어요. 그는 확대경을 이용해 직물의 품질을 검

얀센 부자가 만든 현미경

말피기 (1628~1694)
이탈리아의 생리학자, 현미 해부학의 창시자. 동맥에서 정맥으로의 이행을 관찰하여 혈액 순환론을 완성하였다. 신체 내장의 미세 구조에 관한 중요한 연구가 있고, 곤충의 배설 기관인 말피기관과 신장의 신소체를 발견하였다.

모세혈관
온몸의 조직에 그물 모양으로 퍼져 있는 매우 가는 혈관. 심장과 동맥을 거친 혈액은 이것을 통해 온몸의 조직에 산소와 영양을 공급하고, 조직 가운데에서 발생한 이산화탄소와 불필요한 물질 따위를 모아서 정맥을 거쳐 심장으로 되돌려 보낸다.

로버트 훅 (1635~1703)
영국의 화학자·물리학자로서 기체법칙의 발견에 기여하고, 연소와 호흡에 관하여 '연소설'을 주장하였다. 현미경 검사를 본격적으로 다룬 최초의 책인 『마이크로그라피아』를 썼다.

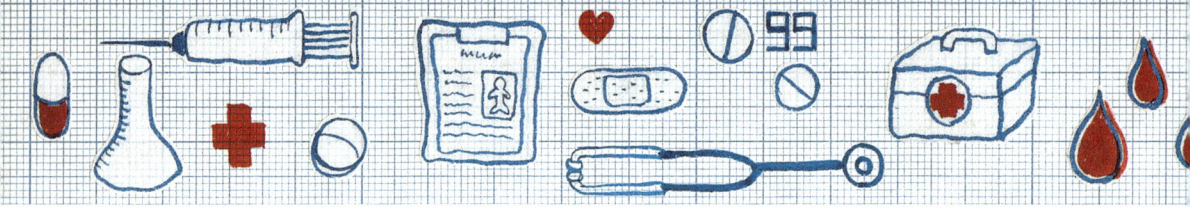

사하면서 렌즈에 흥미를 느꼈어요. 그래서 배율이 높은 렌즈를 직접 만들어 현미경을 제작했어요. 그가 평생 만든 렌즈는 419개였다고 해요. 레이우엔훅은 이 현미경으로 1673년 미생물을 처음 발견했어요. 그는 이 업적으로 '미생물학의 아버지'라 불리게 되었어요.

19세기에는 독일의 로베르트 코흐가 현미경으로 결핵균과 콜레라균을 발견하는 등, 현미경 연구의 시대가 본격적으로 시작되었어요.

조국 프랑스를 진심으로 사랑한 과학자, 파스퇴르

프랑스의 과학자 파스퇴르는 파리 고등 사범학교에 다닐 때 화학자인 뒤마 교수의 강의를 듣고 화학자가 되어야겠다는 결심을 했어요. 그리고 학교를 졸업할 때까지 실험실에 틀어박혀 지냈지요. 이때 친구들에게 얻은 별명이 '실험실의 벌레'였어요.

28세에 스트라스부르 대학 교수가 된 파스퇴르는 대학 학장의 딸 마리 로랑과 사귀게 되었어요. 그것도 파스퇴르의 동료가 파스퇴르를 소개하며 '공부 말고는 다른 일에 흥미가 없는 남자입니다.' 하자, 로랑이 그에게 관심을 가진 것이 계기였지요. 그리하여 두 사람은 얼마 뒤 결혼식을 올리게 되었는데, 예식 시간이 다 되도록 신랑이 나타나지 않는 것이었어요.

그와 가장 친한 친구인 샤피는 대학 실험실로 달려갔어요. 아니나 다를까, 파스퇴르는 예식 시간도 잊은 채 실험에 열중하고 있었지요.

"이 사람아, 결혼식장에 안 오고 뭐 하고 있는 거야?"

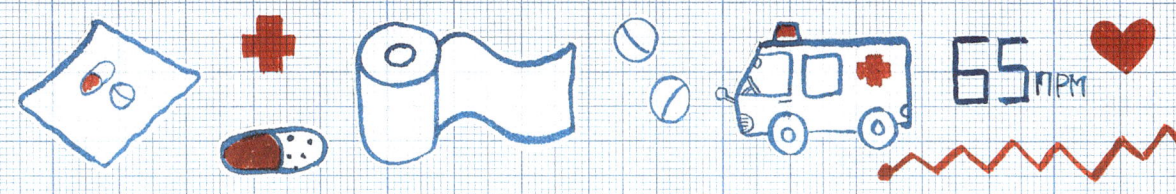

"아참! 오늘 내가 결혼하는 날이지?"

그제야 파스퇴르는 실험 도구를 내려놓고 실험실 문을 나섰다고 해요.

어느 날 파스퇴르의 실험실에 농부들이 찾아왔어요. 이들은 스트라스부르 지방에서 포도 농사를 지어 포도주를 만드는 사람들이었지요.

"교수님, 부탁이 있습니다. 포도주가 어째서 잘 상하는지 알아내 주십시오. 상하지 않게 하는 방법도 찾아내 주시고요."

파스퇴르는 농부들의 부탁을 받고 연구를 시작했어요. 그는 상한 포도주를 가져와 현미경으로 들여다보았지요. 거기에는 포도주 맛을 상하게 하는 젖산 효모균이 있었어요. 파스퇴르는 연구를 거듭하여 젖산 효모균을 낮은 온도에서 죽이는 방법을 알아냈어요. 이것이 유명한 '파스퇴르의 소독법'이에요.

이리하여 스트라스부르 지방의 농부들뿐 아니라 프랑스에서 포도주를 만드는 사람들은, 잘 상하지 않는 맛 좋은 포도주를 생산할 수 있었어요. 프랑스가 세계 최고의 포도주 생산국이 될 수 있었던 것도 파스퇴르가 소독법을 개발한 덕이었지요.

파스퇴르는 그 밖에도 누에병을 연구하여 망해 가는 프랑스의 견사 산업을 구했으며, 가축에 전염되는 병인 탄저병, 광견병 등의 백신을 개발하여 인류에게 공헌했어요. 파스퇴르는 '과학은 조국을 갖지 않지만 과학자는 조국을 갖는다.'는 말을 남긴 것으로도 유명해요.

1870년 프랑스와 프로이센의 전쟁이 일어나자 파스퇴르는 49세의 나이로 군대에 지원했어요. 그러나 그는 2년 전에 뇌출혈로 쓰러져 반신불수가 된데다, 나이가 많다는 이유로 받아들여지지 않았지요.

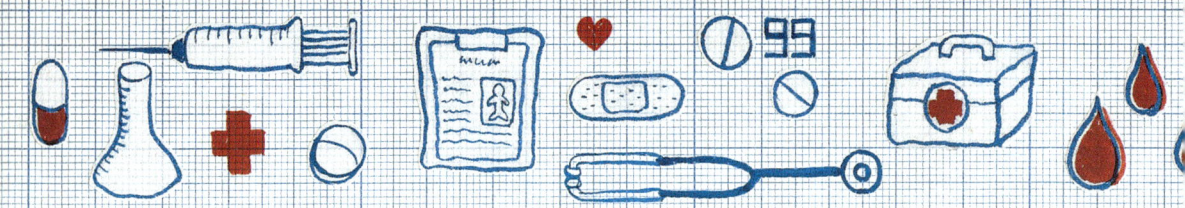

파스퇴르는 몇 년 전에 프로이센에서 의학 박사 학위를 받은 적이 있었어요. 1871년 그는 박사 학위 증서를 대학으로 돌려보내며 이런 글을 덧붙였어요.

"나의 조국 프랑스와 전쟁을 벌이는 프로이센 빌헬름 황제의 어명으로 받은 박사 학위 증서를 돌려보냅니다. 이것을 대학 학적부에서 지워 주십시오. 과학은 조국을 갖지 않지만 과학자는 조국을 갖습니다."

파스퇴르는 조국 프랑스를 진심으로 사랑한 과학자였어요. 프랑스 사람들도 파스퇴르를 사랑하고 존경했지요. 몇 년 전 프랑스의 어느 일류 신문에서 가장 존경하는 위인을 묻는 조사를 했는데, 파스퇴르가 당당히 1위를 차지했다고 해요.

미생물이 질병을 일으킨다는 사실이 밝혀지기 시작한 때는?
17세기 현미경이 발명되면서.

미생물이 질병을 일으킨다는 사실을 처음 밝혀낸 사람은?
파스퇴르.

전염병을 일으키는 병원균은?
세균과 바이러스.

제 3 장
말라리아가 로마 제국을 무너뜨렸다?

"방금 말한 대로 '어린이 전염병 교실'에서는 여러 전염병에 대해 공부하려고 한다. 먼저 여러분에게 소개할 전염병은 말라리아다. 우리나라에서는 '학질' 또는 '학'이라고 불려왔지. 어른들이 '학을 뗐다.'라는 말을 잘 쓰지? 어떤 일에 질렸을 때 쓰는 말인데, 이때 '학'이 바로 말라리아를 가리킨단다."

홍길동 박사가 여기까지 말했을 때였습니다. 갑자기 연두가 손을 번쩍 들었습니다.

"박사님! 드릴 말씀이 있습니다."

"그래? 말해 보렴."

"박사님께서는 전염병 이야기를 하면서 재미있는 옛이야기를 곁들이겠다고 약속하셨죠? 사람이 왜 질병에 걸리는지 과학적인 설명을 자세히 해 주셨으니, 이번에는 머리도 식힐 겸 말라리아에 얽힌 재미있는 옛이야기를 들려주시죠."

"그래요, 박사님! 부탁해요!"

창희도 거들고 나섰습니다. 그러자 홍길동 박사는 고개를 끄덕였습니다.

"알았다, 알았어. 내가 조금 전에 '학을 뗐다.'는 말이 있다고 했지? 그 말 그대로 학을 뗀 사람의 이야기를 여러분에게 들려주지. 우리나라에서 전해지는 이야기야."

조선 중종 임금 때 '박삼충'이란 사람이 경기도 양주 땅에서 살았어.

'삼충'은 그의 이름이 아니라 별명이었어. '석 삼'자에 '벌레 충'자, 곧 밥벌레·옷벌레·잠벌레라는 뜻이었어.

그에게 이런 별명이 붙은 것은, 하는 일 없이 먹고 입고 잠만 자기 때문이었어.

삼충은 어렸을 때 부모님을 여의고, 동생 길준과 살고 있었어.

길준은 착하고 부지런했지. 가난한 살림이었지만, 열심히 일하며 형을 잘 모셨어. 형이 집에서 빈둥빈둥 놀아도 불평 한마디 한 적이 없었어.

그런데 길준에게는 간절한 소원이 하나 있었어. 그것은 형을 장가보내는 것이었어.

길준은 형을 장가보내기 전에는 결코 결혼하지 않을 생각이었어. 그래서 마땅한 신붓감이 있어도 모두 물리쳤어.

길준은 형을 장가보내려고 신붓감을 찾았어.

그러나 '삼충'이라 불리는 형에게 시집오겠다는 여자는 그 고장에 없었어.

세월이 빠르게 흘러, 형이 노총각 소리를 듣는 나이가 되자, 길준은 초조해졌어. 형이 장가를 가지 못해 총각 귀신이 될 것 같아서였지.

어느 날 길준은 형과 함께 정든 고향을 잠시 떠나기로 결심하고 이삿짐을 꾸렸어. 형을 장가보내려면, 형이 삼충이라는 사실을 아는 사람이 없는 다른 고장으로 이사 가는 것이 좋을 것 같아서였어.

형제는 고향 마을에서 멀리 떨어진 고장으로 이사했어.

이사한 지 얼마 안 되어 삼충에게 중매가 들어왔어. 그 고을에서 부유하게 사는 이 생원의 무남독녀였어. 이 생원 댁에서는 데릴사윗감을 찾고 있었지.

길준은 크게 기뻐하며, 형을 이 생원 댁의 데릴사위로 들여보냈어. 그리고 다시 이삿짐을 꾸려 고향 마을로 돌아갔단다.

사위를 맞아들인 이 생원은 근심 걱정에 젖어 지내게 되었어. 사위가 보통 바보가 아닌데다 낮잠으로 세월을 보내기 때문이었어.

얼마나 게으른지 뒷간 갈 때 외에는 자기 방에서 거의 나오지 않았어.

사위의 방 앞에 서면 늘 드르렁 드르렁 코고는 소리가 들렸어.

어느 날 이 생원이 아내에게 말했어.

"아무래도 우리가 사위를 잘못 얻은 것 같소. 바보 천치인데다 게으름뱅이니 말이오."

"이제까지 일하는 모습을 한 번도 본 적이 없어요."

"한번 강제로 일을 시켜 봐야겠소. 그래서 일을 못하면 집에서 쫓아내야겠소."

"무슨 일을 시키시려고요?"

"내일 장에 데리고 가서 소를 고르게 할 생각이오."

아버지와 어머니가 하는 말을 딸이 옆방에서 우연히 들었어.

그날 저녁, 딸이 남편에게 말했지.

"내일 아침에 아버지가 당신을 장에 데리고 가서 소를 골라 보라고 하실 거예요. 그러면 소들을 살펴보다가 암소 한 마리를 고르세요. 그 암소의 턱을 왼손으로 잡아 힘껏 쳐들고, 오른손으로는 암소의 입을 벌려 목구멍을 들여다보며 '아구창(입 속의 점막이나 혀·잇몸 등에 하얀 얼룩점이 생기는 병)에 걸려 있진 않군.' 하세요. 암소의 목덜미를 손으로 한참 주무르시고 '목덜미가 두둑하니 멍에(말이나 소의 목에 얹어 수레나 쟁기를 끌게 하는 막대) 자리가 좋군.' 하세요. 암소의 등을 손바닥으로 쭉 훑으시고 '허리가 잘록하니 길마(짐을 싣기 위해 소의 등에 안장처럼 얹는 도구) 자리가 좋군.' 하세요. 암소의 궁둥이를 손바닥으로 탁 치며 '궁둥이가 넓적하고 좋으니 새끼도 잘 낳겠는걸.' 하세요. 그런 다음 아버지의 얼굴을 돌아보고, '이 소, 저 소 볼 것 없이 이놈을 삽시다.' 하세요."

삼충은 아내가 가르쳐 주는 말을 귀담아들었어.

이튿날 날이 밝자, 이 생원은 사위를 장으로 데리고 갔어.

장에는 많은 소가 있었지. 이 생원은 소들을 가리키며 사위에게 말했어.

"이 가운데서 쓸 만한 소를 골라 보게."

삼충은 아내가 가르쳐 준 대로 소들을 천천히 둘러보았어. 그러다가 암소 한 마리를 골라 턱을 왼손으로 잡아 힘껏 쳐들고, 오른손으로는 소의 입을 벌려 목구멍을 들여다보았어.

"아구창에 걸려 있진 않군."

그리고 목덜미를 손으로 한참 주무른 뒤 말했어.

"목덜미가 두둑하니 멍에 자리가 좋군."

암소의 등을 손바닥으로 쭉 훑고 말했어.

"허리가 잘록하니 길마 자리가 좋군."

암소의 궁둥이를 손바닥으로 탁 치며 말했어.

궁둥이가 넓적하고 좋으니 새끼도 잘 낳겠는 걸."

그런 뒤 이 생원을 돌아보고,

"이 소, 저 소 볼 것 없이 이놈을 삽시다."

하고 권했어. 그러자 곁에 서 있던 거간꾼이 깜짝 놀랐지.

"내가 이곳에서 30년째 일하는데, 저분같이 소를 잘 고르는 사람은 처음이오."

이 생원도 놀라지 않을 수 없었어. 사위가 바보 천치인 줄 알았는데, 여간 똑똑하지 않아서였어.

이 생원은 집에 돌아와 아내에게 입에 침이 마르도록 사위 자랑을 했어.

"보통 지혜로운 게 아니야. 사람이 어쩌면 그렇게 능청맞은지 몰라. 우리가 깜박 속았잖아."

이 생원은 사위가 그동안 일부러 바보 노릇을 했다며, 그것을 눈치 채지 못한 자신의 미련함을 한탄했단다.

그런 일이 있고 얼마 뒤였어. 삼충은 처숙모 되는 사람의 병문안을 가게 되었지.

처삼촌 댁에 간 삼충은 안방으로 들어갔어. 안방에는 처숙모가 누워 있었지.

삼충은 별안간 처숙모가 덮고 있는 이불을 걷어냈어. 그러고는 처숙모의 턱을 왼손으로 잡아 힘껏 쳐들고, 오른손으로는 입을 벌려 목구멍을 들여다보았어.

"아구창에 걸려 있진 않군."

그리고 처숙모를 강제로 엎드리게 하고, 목덜미를 손으로 하참 주무르며

말했어.

"목덜미가 두둑하니 멍에 자리가 좋군."

처숙모의 등을 손바닥으로 쭉 훑고,

"허리가 잘록하니 길마 자리가 좋군." 했어.

또 처숙모의 궁둥이를 손바닥으로 탁 쳤어.

"궁둥이가 넓적하고 좋으니 새끼도 잘 낳겠는 걸."

그러자 처숙모는 기절할 듯이 놀라 비명을 질렀어.

"사, 사람 살려!"

그런데 이때 기적 같은 일이 벌어졌어. 처숙모의 병이 씻은 듯이 나은 거야.

처숙모가 걸린 병은 학질이었어. 옛날부터 학질은 크게 놀라면 낫는다고 전해져 왔단다.

삼충은 두고두고 처가에서 큰 대접을 받았다는구나.

박삼충은 본명이 '박견'으로, 사육신의 한 사람인 박팽년★의 4세손이란다.

박팽년 (1417~1456)
박팽년은 세종 시대를 대표하는 학자이다. 성삼문과 더불어 일찍이 집현전에 발탁되어 임금에게 총애를 받았다. 17세인 1432년(세종 14)에 생원이 되고 2년 뒤에 문과에 급제하였으며, 1447년(세종 29)에는 중시에 합격했다.

이야기가 끝나자 아이들은 웃음을 참지 못했습니다.

"박삼충 이야기, 너무너무 웃겨요. 소를 고르듯이 처숙모에게 대하다니요."

"덕분에 처숙모의 병이 씻은 듯이 나았으니 오히려 잘 된 일이네요."
홍길동 박사도 따라 웃으며 말했습니다.
"하하, 박삼충의 바보짓이 그럴듯하지? 사실은 박삼충이 일부러 바보 노릇을 했대. 역적으로 저형낭한 박팽년의 후손이라서 화를 면하려고 말이야. 그래서 이런 이야기도 전해진단다. 어느 날 박삼충의 장인인 이 생원이 벼슬자리를 얻으려고 한양의 벼슬아치 집에 가기로 했대. 그런데 박삼충이 못 가게 결사적으로 말렸다는 거야. 며칠 뒤 깜짝 놀랄 일이 벌어졌어. 을사사화가 일어나, 이 생원이 벼슬자리를 부탁하려 했던 벼슬아치들을 비롯하여 많은 사람들이 감옥에 갇히고 목숨을 잃었던 거지. 만약에 이 생원이 한양에 가서 벼슬을 했다면 어떻게 되었겠니? 화를 면하기 어려웠겠지. 앞날을 내다볼 줄 아는 사위 덕분에 이 생원이 목숨을 구한 거야. 그 뒤 박삼충은 가족을 이끌고 상주 의복동으로 이사했는데, 얼마 뒤에 임진왜란이 일어났어. 박삼충의 가족은 전쟁이 끝날 때까지 그곳에서 안전하게 지낼 수 있었지."
세라가 감탄을 했습니다.
"와아! 박삼충은 바보가 아니라 천재였군요. 그런데도 바보짓으로 가족을 감쪽같이 속이다니 그 연기력이 놀라워요."
"저는 처숙모가 한 번 크게 놀랐다고 병이 씻은 듯이 나았다는 것이 놀라워요. 학질이 전염병인데 어찜 그럴 수가 있죠?"

다은이는 이런 말을 하며 믿을 수 없다는 표정을 지었습니다.

홍길동 박사가 말했습니다.

"현대 의학으로는 말도 안 되는 터무니없는 미신일 뿐이야. 하지만 사람들은 옛날부터 학질은 크게 놀라면 낫는다고 믿어왔지. 1907년 우리나라의 주재소에 일본 순사가 근무하기 시작할 때 경상도 거창에서 이런 일이 있었단다. 산골에 사는 김신섭이라는 사람에게 다섯 살짜리 아들이 있었는데, 그만 학질에 걸린 거야. 그는 아들의 몸에 붙은 학질 귀신을 떼어 내려고 참봉 댁에 가서 이런 부탁을 했어.

'참봉 어른, 학질 귀신은 놀라게 해야 몸에서 떨어진다면서요? 학질 귀신이 놀라 달아날 내용의 글을 몇 자 적어 주십시오. 그러면 그 글이 적힌 종이를 아들 녀석의 이마에 붙이겠습니다.'

참봉은 알았다면서 종이에 이렇게 적었어.

'거창 경찰서 안의 주재소 순사 후루카와 곤베'

참봉에게는 일본 순사가 귀신보다 무서운 존재였기 때문에 그렇게 적었단다."

"아니, 일본 순사가 그렇게 무서워요?"

"물론이지. 일본 순사는 우리나라 사람들에게 악명이 높았어. 아무 죄도 없는 사람들을 주재소로 끌고 가 잔혹한 고문을 하기 일쑤였거든. 그래서 사람들은 일본 순사라는 소리만 들어도 겁에 질려 부리나케 달아났

어. 우는 아이도 울음을 뚝 그쳤지. 일제 강점기에는 순사의 이름을 적어 전염병 귀신을 쫓으려는 풍습이 남도 지방에 널리 퍼져 있었단다."
말없이 듣고 있던 동배가 입을 열었습니다.
"옛날 사람들이 학질 귀신이 있다고 믿었다는 것이 우스워요. 박사님은 학질을 '말라리아'라고 하셨는데, 말라리아는 어떤 병이에요?"

"하하, 그렇지 않아도 말라리아에 대해 설명하려고 했다. 말라리아는 중국얼룩날개모기★가 옮기는 무서운 전염병이야. 모기가 사람을 물면 모기의 침샘에 있던 말라리아 원충, 즉 '플라스모디아'라 불리는 작은 미생물이 사람의 혈관에 들어가 돌아다니다가 30분도 못 되어 간에 자리를 잡는단다. 그리고 7~14일 안에 번식을 하여 1~2만 개의 자손을 만들지. 이때를 '잠복기'라고 해. 그 뒤 혈관으로 퍼져 나가 적혈구를 공격하는데, 적혈구가 파괴될 때 사람 몸에 섭씨 40도 이상의 높은 열이 나지. 추위에 떠는 오한 증세도 일어나고……. 적혈구를 파괴하면 다른 적혈구로 옮겨가 같은 일을 반복하기 때문에, 말라리아 환자는 3~4일 간격으로 열이 올랐다가 떨어지기를 되풀이한단다. 그래서 '3일열 말라리아', '4일열 말라리아'라고 불리기도 하지. 제때 치료를 받지 못하면 빈혈이 생겨. 우리나라 말라리아는 온대성 말라리아이기 때문에 독성이 약하지만, 아프리카·인도·동남아 등 열대 지방에서 유행하는 열대열 말라리아는 독성이 강하고 증상이 심해. 높은 열에 시달리다 나중에는 황달·신부전·급성뇌병증·폐부종·뇌부종 등의 합병증이 생겨, 결국 의식을 잃고 죽음에 이르게 된단다."

"말라리아가 정말 무서운 병이로군요. 말라리아는 언제부터 유행했어요?"

중국얼룩날개모기
짙은 갈색이며, 앞쪽으로 경사지게 앉는다. 날개에 흰 무늬가 2개 있다.

창희가 묻자 홍길동 박사가 대답했습니다.

"말라리아는 가장 오래된 질병 가운데 하나야. 기원전 5세기경 '의학의 아버지'라 불리는 히포크라테스*가 말라리아의 증상에 대해 기록을 남겼을 정도니까. 기원전 323년에 알렉산더 대왕이 말라리아를 앓다가 죽었다는 설도 있어. 아니, 그보다 더 거슬러 올라가, 말라리아는 3천여 년 전에도 유행했어. 기원전 13세기경 19세로 죽은 이집트 왕 투탕카멘의 미라를 조사한 고고학자들이, 투탕카멘이 말라리아 합병증으로 숨졌을 거라고 발표하기도 했거든."

> 히포크라테스
> (BC 460?~BC 377?)
> 그리스의 의학자. '의학의 아버지'. 인체의 생리나 병리를 체액론에 근거하여 사고했고 병을 낫게 하는 것은 자연이라는 설을 치료 원칙의 기초로 삼았다.

"오, 말라리아가 정말 오래된 병이로군요?"

"그렇지. 말라리아는 그리스와 로마 시대에도 유행했어. 특히 로마의 경우에는 심각했지. 로마가 북아프리카에서 많은 노예를 받아들였는데 그들을 통해 열대열 말라리아가 들어온 거야. 열대열 말라리아는 로마에서 크게 유행하여 로마 사람들을 죽음으로 몰아넣었어. 그 말라리아가 얼마나 무서웠던지 452년 훈족의 아틸라가 로마 침략을 포기했다는구나. 하지만 로마의 멸망을 불러온 것은 말라리아 때문이라는 설도 있어. 로마에 말라리아가 널리 퍼지면서 국력이 약해져, 결국 멸망의 길로 들어섰다는 거지. 말라리아 때문에 수도인 로마, 시라쿠사, 파에스툼 등 여러 도시가 타격을 받았어. 말라리아의 유행으로 군인들의 전력이 떨어

게르만 족의 이동
게르만 족이 훈족의 압력을 받아 로마 제국의 영내로 이동한 일. 게르만 부족 중 가장 먼저 이동을 시작한 것은 서고트 족이었으며(375년), 그 후 약 2백 년 동안 각 게르만 부족은 로마의 영내로 들어와 여러 나라를 건설하였다.

빌 게이츠 (1955~)

미국의 기업가. 폴 앨런과 함께 최초의 소형 컴퓨터용 프로그램 언어인 베이직을 개발하였으며 마이크로소프트사를 설립하였다. 퍼스널 컴퓨터의 운영체제 프로그램인 윈도즈(Windows)시리즈를 출시하여 획기적인 판매 실적을 올렸다.

졌고, 농촌 사람들이 도시로 몰려 농업 생산량이 줄어들어 나라 경제가 어려워졌단다. 그러던 차에 게르만 족의 대이동★이 일어나, 국력이 약해진 로마는 게르만 족에게 멸망당한 거야."

연두가 말문을 열었습니다.

"그랬었군요. 말라리아가 로마 제국을 무너뜨렸다니 정말 놀라워요. 박사님, 요즘은 말라리아가 옛날처럼 그렇게 유행하여 사람들을 죽음으로 몰아넣지는 않죠?"

홍길동 박사가 고개를 가로저었습니다.

"아니야. 말라리아는 지금도 위력을 발휘하고 있단다. 해마다 백여 나라에서 2~3억 명이 말라리아에 걸려 100~300만 명이 목숨을 잃고 있단다."

"예? 그게 정말이에요?"

아이들은 깜짝 놀랐습니다.

"지난 100년 동안 말라리아로 죽은 사람이 얼마나 되는지 아니? 무려 2~3억 명이야. 그래서 세계 보건 기구(WHO)에서는 매년 4월 25일을 '말라리아의 날'로 정하고 말라리아 퇴치를 위해 애쓰고 있어. 세계 최고의 부자인 빌 게이츠★는 자신의 재산을 기부해 '빌 앤드 멀린다 게이츠 재단'을 만들어 말라리아 퇴치에 앞장서고 있어. 2015년에만 말라리아로

43만 8천여 명이 숨졌는데, 빌 게이츠 재단의 활동으로 이제까지 70만 명 이상이 목숨을 건졌다고 해. 그는 2016년부터 조지 오즈번 영국 재무 장관과 말라리아 퇴치를 위해 5년간 5조 1300억 원을 기부하기로 했대. 말라리아로 1분에 1명씩 세상을 뜨고 있다며 말라리아 없는 세상을 만들어 나가기로 했다는 거야."

창희가 흥분하여 목소리를 높였습니다.

"저는 이해할 수가 없어요. 옛날도 아니고 의학이 발달했다는 현대에 와서 어떻게 그렇게 많은 사람들이 말라리아에 걸려 죽는 거죠? 말라리아 예방 백신을 만든다면 말라리아에 걸리지 않을 텐데요."

"하하, 네 말이 옳다. 백신만 만든다면 사람들에게 접종하여 말라리아를 예방할 수 있겠지. 하지만 아직까지 효과적인 백신을 개발하지 못했단다. 왜냐하면 말라리아 원충이 사람 몸에 들어오면 30분도 못 되어 간에 자리를 잡고 7~14일쯤 꼭꼭 숨어 있으니 항체를 만드는 게 어렵단다. 혈관으로 퍼져 나가 적혈구를 잇달아 파괴할 때도 마찬가지야. 적혈구에 숨어 있으니 면역 세포가 이를 감지해 항체를 만들지 못한단다."

"아, 그런 어려움이 있군요. 그렇다면 말라리아 치료제는 거의 없나요?"

"말라리아 치료제야 여러 가지가 있지. 하지만 처음엔 효과를 보다가 몇 년 뒤엔 약효가 떨어졌어. 왜냐하면 말라리아가 반격에 나서 그 약에 대해 내성을 갖게 되었거든. 그러면 약이 전혀 듣지 않게 되는 거지. 새로 개발된 약은 몹시 비싸, 말라리아 환자가 많이 발생하는 가난한 아프리카에서는 이를 사용할 수 없단다. 그래서 말라리아 환자들이 제대로 치료를 받지 못하고 그렇게 많이 죽어가는 거지."

홍길동 박사의 이야기를 듣고 아이들은 안타까워했습니다.

"아프리카 사람들이 불쌍해요. 말라리아 약이 있어도 돈이 없어 제대로 치료받지 못하고 죽어가다니요."

"박사님, 말라리아를 예방할 방법이 없나요? 아, 참! 말라리아는 모기가 옮기는 전염병이라고 하셨죠? 그럼 모기에 물리지 않으면 말라리아를 예방할 수 있겠네요."

"옳지, 바로 그거다. 모기에 물리지 않는 것이 말라리아의 가장 좋은 예방법이야. 그래서 아프리카 사람들을 말라리아로부터 보호하기 위해 선진국에서는 '모기장 보내기 운동'을 벌이고 있단다. 아프리카 잠비아에서는 모기장을 사용하고부터 말라리아 사망률을 60퍼센트나 줄일 수 있었대. 그리고 모기의 번식을 막기 위해 모기의 서식지인 웅덩이·장독·화분 물받이 등 물이 고여 있는 곳을 없애는 것도 말라리아의 예방법이 되겠지. 이런 곳에는 모기의 애벌레인 장구벌레가 많이 살기 때문이지."

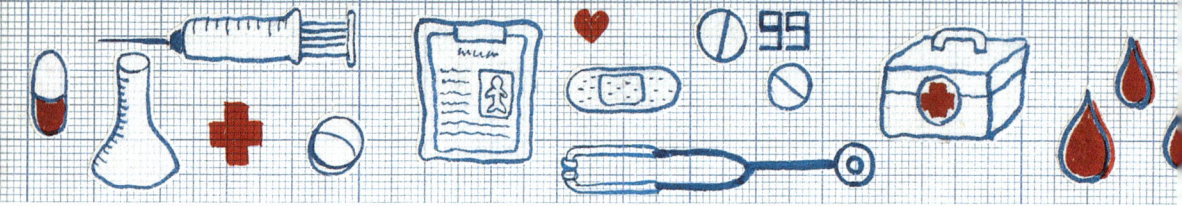

우리나라에서 '학질' 또는 '학'이라고 불렸던 말라리아

말라리아는 오랜 옛날부터 있었던 전염병 가운데 하나예요. 우리나라에서는 말라리아를 '학질' 또는 '학'이라고 불렀어요. 말라리아에 대한 최초의 기록은 〈고려사〉에서 찾아볼 수 있어요. 이로 미루어 보아 고려 시대에 말라리아가 널리 퍼졌음을 알 수 있지요. 세종 2년(1420년)에는 "대비가 학질(말라리아)에 걸려 죽었다."고 기록되어 있답니다.

우리나라에서 유행한 말라리아는 대부분 증세가 심하지 않은 3일열 말라리아였어요. 그에 비해 열대열 말라리아는 매일 높은 열이 나는 경우가 많았고, 끝내 죽음에 이르렀지요. 우리나라에서 열대열 말라리아가 유행하지 않는 것은 날씨가 춥기 때문이에요. 열대열 말라리아는 16~18도 이하로 기온이 떨어지면 전파되지 않아요.

우리나라에서 말라리아는 6·25전쟁 전후에 전국적으로 널리 퍼졌다가 1970년대 말에 자취를 감추었어요. 그래서 정부에서는 1983년 세계 보건 기구에 우리나라에서 말라리아가 완전히 없어졌다고 보고했어요.

하지만 1993년 우리나라에서 말라리아 환자가 발생했어요. 그 환자는 휴전선 가까이에서 근무했던 군인이었어요. 이때부터 말라리아 환자가 늘기 시작하여 1994년 20명, 1998년 3,932명, 2000년 4,142명으로 불어났어요. 환자의 대부분이 휴전선 근처에서 근무한 현역 군인이나 제대 군인, 또는 휴전선 가까운 경기도와 강원도 북부에 사는 주민들이었어요. 학자들은 북한에서 말라리아에 감염된 모기가 휴전선을 넘어와 말라리아를 퍼뜨린 것으로 보고 있어요. 북한에서 말라리아

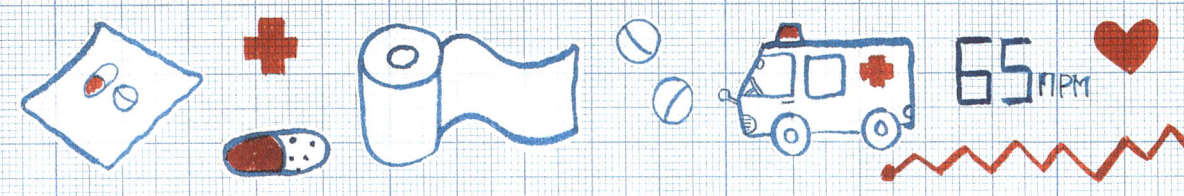

가 유행해 1998년엔 25,000명, 2001년 30만 명의 환자가 생겼다고 해요.

우리나라에서 말라리아 환자는 2000년대 이후 2010년 1,772명, 2012년 542명, 2013년 445명, 2014년 638명, 2015년 673명으로 점차 줄어들고 있어요.

알렉산더 대왕은 말라리아를 앓다 죽었다?

알렉산더 대왕★은 마케도니아 왕 필립포스의 아들이에요. 아버지가 갑자기 세상을 떠나자 그는 그 뒤를 이어 왕위에 올랐어요. 그리고 그리스의 도시 국가인 테베, 아테네 등의 반란을 진압하고 그리스의 도시 국가 왕들로부터 충성을 다짐 받았어요. 또한 기원전 334년 5월 페르시아 정벌을 떠나 이듬해 1월 이수스 싸움에서 페르시아 군을 크게 무찌르고 페르시아가 차지했던 이집트를 점령했어요. 기원전 331년 10월 페르시아 군과 싸워 이긴 뒤, 이듬해 11월 페르시아의 수도인 수사를 점령함으로써 페르시아를 완전히 멸망시켰어요.

> **알렉산더** (BC 356 ~ BC 323)
> 그리스 · 페르시아 · 인도에 이르는 대제국을 건설하여 그리스 문화와 오리엔트 문화를 융합시킨 헬레니즘 문화를 이룩하였다.

알렉산더는 세계에서 가장 넓은 땅을 차지한 왕이 되었어요. 하지만 그는 그것으로 만족하지 않았어요. 당시에는 인도를 세계의 끝으로 믿고 있었기에 다시 군사를 일으켜 인도 정벌을 떠났어요.

그런데 알렉산더는 인도 정벌을 마치고 돌아오다가 기원전 323년 6월 10일 바빌론의 어느 도시에서 세상을 뜨고 말았어요. 그는 열병으로 몸져누웠는데, 헛소리까지 하며 열흘을 몹시 앓다가 숨을 거두었지요. 알렉산더는 왜 갑자기 죽었을까요?

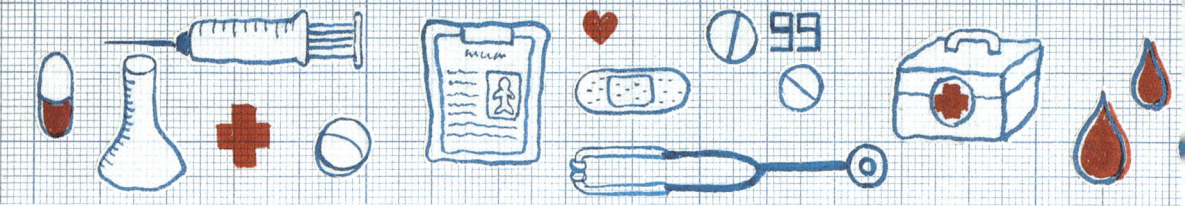

　알렉산더가 반대파 신하 13명을 처형했는데, 안티파트로스라는 신하가 반감을 품고 죽인 게 아닌가 생각해요.

　그 밖에 알렉산더가 술을 많이 마셔 죽었다, 장티푸스에 걸려 죽었다, 웨스트 나일 바이러스에 감염되어 죽었다 등등 여러 설이 있어요.

　하지만 대부분의 사람들은 그가 말라리아에 걸려 죽었다고 생각해요. 알렉산더는 인도 정벌을 마치고 돌아올 때 바빌론의 늪지대를 지나왔어요. 그곳은 모기가 들끓는 곳이었어요. 그의 병세도 열병이었기 때문이에요.

이것은 꼭 알아 두어요.

말라리아를 옮기는 곤충은?
　중국얼룩날개모기.

우리나라에서 말라리아가 잘 유행하지 않는 이유는?
　날씨가 춥기 때문이에요. 열대열 말라리아는 16~18도 이하로 기온이 떨어지면 전파가 되지 않아요.

자신의 재산을 기부해 '빌 앤드 멀린다 게이츠 재단'을 만들어 말라리아 퇴치에 앞장서고 있는 사람은?
　빌 게이츠.

제 4 장
페스트, 중세 유럽을 삼키다

"말라리아에 대한 이야기는 이 정도로 하고 다음 이야기로 넘어갈까? 이번에는 페스트에 관해서 알아보기로 하자."

홍길동 박사의 말이 끝나기도 전에 창희가 재빨리 말했습니다.

"박사님, 본론으로 들어가기 전에 옛이야기 한 토막 해 주셔야죠. 그 재미에 저희들이 '어린이 전염병 교실'에 와 있는 걸요."

"허허, 그래? 너희들이 그렇게 원한다면 옛이야기를 들려주지 않을 수 없지. 이번 이야기는 페스트에 얽힌 이야기란다."

홍길동 박사는 잠시 말을 끊은 뒤 이야기보따리를 풀어놓았습니다.

옛날 그리스의 어느 곳에 혼자 사는 양치기가 있었어.

양치기는 남들과 어울리는 것을 싫어했어. 그래서 친구도 사귀지 않고 아내도 얻지 않았어. 그는 마을에서 떨어진 외딴 곳에 집을 짓고 양들을 기르며 홀로 외롭게 살았지.

양치기에게는 동생이 있었어. 동생은 가까운 마을에 살고 있었는데 결혼을 하여 처자식을 거느리고 있었어.

어느 날 밤 양치기는 의자에 앉아 있었어. 양들을 우리에 몰아넣고 저녁을 먹은 뒤, 차를 마시며 생각에 잠기는 것이 그가 잠자리에 들기 전에 하는 하루의 마지막 일과였어.

'하루 종일 양들을 몰고 다녔더니 몹시 피곤하네. 그만 잠자리에 들어 볼까?'

양치기는 의자에서 일어나 침실로 향했어.

그때 문을 두드리는 소리가 들려왔어.

'누구지? 한밤중에 나를 찾아올 사람이 없는데 이상하네.'

양치기는 고개를 갸우뚱하며 문 쪽으로 다가갔어.

"누구시죠?"

양치기는 문을 열기 전에 이렇게 물었어.

"죄송합니다. 밤늦게 찾아와서……. 잠깐이면 되니 문을 좀 열어 주시겠습니까?"

뜻밖에도 목소리의 주인공은 여자였어. 목소리를 들어 보니 전혀 모르는 사람이었어.

'웬 여자지? 나는 저 여자와 볼일이 없는데. 무슨 사정이 있나?'

양치기는 조심스럽게 문을 열었어.

'헉!'

양치기는 여자의 모습을 보고 하마터면 비명을 지를 뻔했어. 발등을 덮을 정도로 긴 검정 옷을 입은 여자가 백지장 같은 얼굴로 햇불을 든 채 문 앞에 서 있었던 거야. 양치기는 온몸에 소름이 쫙 끼쳤어.

"누, 누구시죠? 이 근방에 사는 분 같지 않은데……."

양치기는 부들부들 떨며 간신히 이런 말을 토해 냈어. 그러자 여자는 차가운 목소리로 말했어.

"나는 이 세상 사람이 아니라 홍역입니다. 당신이 돌보는 양 가운데 가장 좋은 어린양을 내어 주십시오. 내 부탁을 거절한다면 당신의 목숨을 빼앗겠습니다."

양치기는 불쾌하다는 듯 목소리를 높였어.

"누구를 감히 협박하는 겁니까? 내가 돌보는 양 가운데 가장 좋은 어린양을 내어 놓으라고요? 그렇게 못하겠는데요. 당신은 자기 부탁을 거절하면 나의 목숨을 빼앗겠다고 했지만 어림없는 수작입니다. 나는 어렸을 때 어머니에게 이런 말을 들은 적이 있습니다. '너는 홍역을 앓다가 나아서 다시는 홍역에 걸리지 않는다.' 그러니 나를 그만 협박하고 돌아

가 주십시오. 당신하고는 아무 볼일이 없으니까요."

그러고는 양치기는 문을 꽝! 닫아 버렸어.

여자는 말없이 발길을 돌렸지.

'별 해괴한 일이 다 있네. 자기가 뭐 홍역이라고? 아무튼 기분 나쁜 손님이야.'

양치기는 조금 전의 일은 잊어버리고 잠이나 자야겠다고 생각했어. 그래서 다시 침실로 향했는데 또 문을 두드리는 소리가 들려왔어.

'저 여자가 끈질기네. 자기 부탁을 거절했는데 또 나를 찾아와 귀찮게 해?'

양치기는 여자에게 욕이나 퍼부어 주려고 문을 벌컥 열었어.

그런데 다른 여자가 발등을 덮을 정도로 긴 검정 옷을 입고 가슴이 섬뜩할 만큼 창백한 얼굴로 서 있었어. 그 여자도 손에 횃불을 들고 있었어.

"누, 누구시죠?"

양치기가 떨리는 목소리로 묻자 여자가 차가운 목소리로 대답했어.

"나는 이 세상 사람이 아니라 디프테리아입니다. 당

신이 돌보는 양 가운데 가장 좋은 어린양을 내어 주십시오. 내 부탁을 거절한다면 당신의 목숨을 빼앗겠습니다."
양치기는 불쾌한 표정을 지으며 말했어.
"당신, 좀 전에 찾아온 여자와 한패인가 본데. 어디 감히 나를 협박해요? 내가 돌보는 양 가운데 가장 좋은 어린양을 내어 놓으라고요? 그렇게 못하겠는데요. 당신은 자기 부탁을 거절하면 나의 목숨을 빼앗겠다고 하지만 어림없는 수작입니다. 나는 어렸을 때 어머니에게 이런 말을 들은 적이 있습니다. '너는 디프테리아를 앓다가 다 나아서 다시는 디프테리아에 걸리지 않는다.' 그러니 나를 그만 협박하고 돌아가 주십시오. 당신하고는 아무 볼일이 없으니까요."
양치기는 디프테리아라는 여자를 집 안으로 들이지 않고 문을 꽝! 닫아 버렸어.
여자는 말없이 발길을 돌렸지.
'오늘은 참 이상한 날이네. 자기가 뭐 디프테리아라고? 듣도 보도 못한 여자가 찾아와서 나를 성가시게 하네.'
양치기는 모든 일을 잊어버리고 어서 잠자리에 들어야겠다고 생각했어.

그래서 다시 침실로 향했는데, 또다시 문을 두드리는 소리가 들려왔어.

'이번에는 또 어떤 여자야? 왜 자꾸 찾아와서 나를 귀찮게 하지?'

양치기는 투덜거리며 문을 열었어. 그런데 그는 문 앞에 서 있는 여자를 보고 기겁을 했어. 앞의 두 여자와 마찬가지로 긴 검은 옷을 입고 횃불을 들었는데, 무시무시한 마귀할멈의 모습이었어. 부탁을 거절하면 목이라도 조를 듯 무섭고 섬뜩한 표정이었어.

양치기는 공포에 질린 목소리로 물었지.

"누, 누구시죠? 당신도 내게 가장 좋은 어린양을 얻으러 왔나요?"

여자가 싸늘한 목소리로 대답했어.

"나는 이 세상 사람이 아니라 흑사병(페스트)입니다. 당신의 목숨을 가져가려고 왔지만, 당신 말대로 가장 좋은 어린양을 내 준다면 당신을 살려 주겠습니다."

양치기는 여자의 부탁을 받고 잠시 망설였어.

'어쩌지? 나는 어렸을 때 어머니에게 흑사병을 앓다가 다 나았다는 말을 들은 적이 없어. 저 여자는 자기 부탁을 들어주면 나를 살려 주겠다고 했지? 그래, 이번에는 부탁을 들어주자.'

양치기는 이렇게 결심하고 여자에게 말했어.

"좋습니다. 가장 좋은 어린양을 드리지요. 나를 따라오십시오."

양치기는 여자를 양의 우리로 데리고 갔어. 그리고 양들 가운데 가장 좋은 어린양을 우리에서 꺼냈어.

"이제 됐죠? 이 양을 몰고 가십시오."

양치기는 여자에게 인사하고 집 안으로 들어가려 했어. 그러자 여자는 양치기를 불러 세웠어.

"잠깐만요. 저는 양을 몰 줄 모릅니다. 당신이 내 집까지 양을 데려다 주세요."

"무슨 말씀입니까? 나를 데려가겠다니요? 당신 부탁을 들어주면 나를 살려 주겠다고 하지 않았습니까?"

"물론이죠. 제가 부탁드리는 것은 양을 안전하게 내 집까지 데려다 달라는 겁니다. 이 일을 마치면 곧바로 돌려보내 드리겠습니다."

양치기는 여자의 부탁을 거절할 수 없었어. 그래서 횃불을 든 여자와 함께 길을 떠났지.

여자는 어두컴컴한 길을 하염없이 걸어갔어. 높은 산을 넘고 아득한 사막을 건넜어. 어찌된 일인지 아침은 밝아오지 않고 빛 한 점 없는 어두운 밤이 계속되었어. 그리고 희한하게도 길가에는 집 한 채 보이지 않았어.

양치기는 양을 몰고 여자의 뒤를 따라가면서도 겁에 질려 부들부들 몸을 떨었어.

'내가 지금 어디를 가는 거지? 혹시 지옥으로 끌려가는 것이 아닐까?'

양치기는 이런 생각이 들어 더욱 겁이 났어.

얼마나 그렇게 걸었을까? 마침내 캄캄한 길 저편에 웅장한 성이 나타났어. 성은 불빛이 휘황찬란했어.

걸어오는 동안 말 한마디 없던 여자가 드디어 입을 열었어.

"다 왔습니다. 저 성이 내가 사는 성입니다."

양치기는 양을 몰고 성 안으로 들어갔어. 성에는 넓은 방이 있고, 천장과 벽에 수많은 램프가 매달려 있었어. 램프를 살펴보니 어떤 것은 기름통에 기름이 가득한데, 어떤 것은 기름이 반밖에 없거나 거의 떨어져 있었어. 기름이 많은 램프는 불이 밝고 눈부신데, 기름이 떨어져 가는 램프는 불이 꺼질 듯했어.

양치기는 램프를 둘러보다가 여자에게 물었어.

"이 안에 있는 수많은 램프들은 무엇이죠?"

"사람들의 생명입니다. 램프 불이 켜져 있으면 살아 있는 것이고, 꺼지면 죽습니다."

"그렇다면 램프마다 임자가 있다는 겁니까?"

"그렇지요."

"내 램프는 어디에 있습니까?"

"저기 있습니다."

양치기는 여자가 가리키는 램프를 보았어. 기름통에 기름이 가득하고 램프 불은 밝고 환했어. 그런데 옆에 있는 램프는 금방이라도 꺼질 듯 깜박거렸어.

"내 램프 옆에 있는 램프는 누구의 것이죠?"

"저것은 당신 동생의 램프입니다."

"예? 그게 정말입니까? 그렇다면 내 동생이 곧 죽게 된다는 겁니까?"

양치기는 소스라치게 놀랐어. 동생이 죽게 되다니, 가슴이 찢어지는 듯 아팠어. 그래서 양치기는 여자에게 이렇게 부탁했어.

"내 램프에 있는 기름을 동생 램프로 좀 옮겨 주실 수 있겠습니까? 동생은 처자식이 있어 오래 살아야 합니다. 제발 부탁드립니다."

여자가 고개를 저었어.

"그렇게는 못합니다. 기름은 한 번 넣으면 더 넣거나 뺄 수가 없습니다. 사람에게는 다 정해진 수명이 있지요."

양치기는 슬픈 표정을 짓고 있다가 이렇게 말했어.

"이제 당신과 나는 아무 상관이 없게 되었군요. 동생은 내가 목숨처럼 아끼는 유일한 혈육입니다. 내 동생이 곧 죽는다고 하니 내 목숨을 잃는 것과 마찬가지입니다. 따라서 당신한테 이 어린양을 줄 필요가 없게 되었어요."

양치기는 양을 몰고 성에서 나왔어. 그리고 왔던 길을 되돌아왔지.

그가 마을 가까이 왔을 때 죽음을 알리는 종소리가 울려왔어.

마침 지나가는 마을 사람을 붙잡고 물으니 그의 동생이 조금 전에 세상을 떠났다는 것이었어.

'아, 지난밤에 겪은 일이 꿈이 아니구나. 모두가 사실이었어. 홍역도 디프테리아도 흑사병도……'

양치기는 동생의 죽음을 슬퍼하며 뜨거운 눈물을 흘렸단다.

"이번 이야기는 참 슬프네요. 양치기가 목숨처럼 아끼는 동생을 잃게 되다니요."

세라는 금방이라도 눈물을 쏟을 듯 물기 젖은 목소리로 말했습니다.

다은이가 세라 말을 받아 말했습니다.

"저도 양치기가 동생이 죽게 된다는 사실을 아는 장면에서 가슴이 아팠어요. 만약에 제가 양치기의 입장이었다면 심장이 터져 버렸을 거예요."

"저는 양치기에게 홍역과 디프테리아와 흑사병이 제각기 찾아와서, 가장 좋은 양을 내놓으라고 요구하는 것이 재미있었어요. 홍역과 디프테리아와 흑사병은 전염병 아닌가요?"

"그래, 홍역과 디프테리아는 옛날에 어린이들이 많이 걸렸던 병이고, 흑사병은 페스트라는 전염병으로 중세에 수많은 사람들의 목숨을 빼앗아 갔단다. 너희들, 페스트가 어떤 병인지 아니?"

홍길동 박사가 묻자 아이들은 선뜻 대답하지 못했습니다.

"잘 모르겠어요. 흑사병이라 불린다는 것 말고는……"

"왜 페스트를 흑사병이라 부르지?"

"……."

"페스트는 페스트균에 감염되면 생기는 병이야. 온몸이 검은색으로 변해 죽어가기 때문에 '흑사병(黑死病)'이라는 이름을 얻었지."

"아, 그렇군요. 페스트에 걸리면 어떤 증상이 나타나죠?"

"페스트에는 림프절페스트(선페스트)와 폐페스트가 있어. 림프절페스트는 페스트에 감염된 쥐에 기생하는 벼룩에 물리면 생기는 병이야. 피를 빨며 쥐에 붙어살던 벼룩이, 그 쥐가 죽으면 사람에게로 옮겨 붙어 피를 빠는 거야. 그러면 페스트균을 사람에게 옮기게 되는 거지. 잠복기는 2~6일이고, 초기 증상은 온몸이 떨리고 구토·두통·현기증 등이 생겨. 부어오른 림프절을 따라 검은 반점이 나타나 고통스럽게 죽어가지. 전체 페스트 가운데 4분의 3이 림프절페스트란다. 폐페스트는 폐에 페스트균이 들어와 생기는 병이야. 잠복기는 2~4일이고, 열이 점차 높아지면서 피를 토하고 숨이 막혀 죽게 되는 무서운 병이야. 전염성이 아주 강하기 때문에 다른 사람과 접촉하면 기침이나 가래로도 금방 폐페스트에 감염된단다."

연두가 눈을 동그랗게 뜨고 입을 열었습니다.

"페스트는 정말 무시무시한 병이로군요. 오랜 옛날에도 그 병이 있었나요?"

"물론이지. 문헌에 따르면, 페스트는 고대 그리스에서 처음 발생했다고 해. 특히 아테네가 스파르타와 펠로폰네소스 전쟁을 하고 있을 때 페스트로 많은 사람을 잃었어. 전체 인구의 4분의 1이 죽었다고 해. 또한 서기 262년 로마에서도 페스트가 발생해 하루에 5천 명가량이 목숨을 잃었다는구나.

그런가 하면 페스트가 중국을 비롯한 아시아에서 발생해서, 1347년 몽골군이 크림 반도의 카파를 공격할 때 유럽에 퍼지게 되었다는 설도 있어. 즉 몽골군이 투석기를 이용해 페스트 환자 시체들을 도시 안으로 쏘아 보내 페스트를 유럽인들에게 옮겼다는 거야. 전염병으로 죽은 시체를 적진으로 보내 전염병을 돌게 만든 거지. 페스트가 지중해 항구들로 퍼져 나가 시칠리아, 북아프리카, 이탈리아, 에스파냐, 영국, 프랑스, 오스트리아, 헝가리, 스위스, 독일, 북유럽 등 유럽 전역으로 퍼져 나갔다는 거야."

"아유, 끔찍해. 페스트 환자 시체를 도시 안으로 쏘아 보내 페스트를 유럽인들에게 옮겼다고요? 어떻게 사람의 탈을 쓰고 그렇게 짐승만도 못한 짓을 할 수 있죠?"

연두가 흥분하여 외쳤습니다.

"사람이 그만큼 잔인한 거야. 전쟁에 승리하기 위해 수단과 방법을 가리지 않았으니……. 그렇게 페스트가 유럽 전체에 퍼져 어떤 결과를 낳았는지 아니? 1347년부터 1350년까지 유럽을 휩쓴 페스트는 그 뒤로도

1360~1363년, 1371~1374년, 1381~1384년 여러 차례 유행하면서 유럽 전역을 절망과 공포의 도가니로 몰아 넣었어. 유럽에서만 페스트로 2천 5백만 명 이상이 목숨을 잃었어. 당시 유럽 인구의 3분의 1 내지 4분의 1이 희생되었지."

조용히 듣고 있던 동배도 참을 수 없는지 주먹을 불끈 쥐며 말했습니다.

"몽골군이 나빠요. 죄 없는 유럽 사람들을 죽게 만들다니요."

"페스트로 유럽 전체가 시체로 뒤덮이자 사람들은 죽음의 공포에 시달렸어. 사람들이 많이 모여 사는 도시에 특히 더 큰 피해가 있었기 때문에, 도시를 떠나 시골로 도피하는 사람들이 많

앉어. 살아남기 위해 환자인 가족을 버리고 달아나는 경우도 허다했어. 페스트의 원인과 치료 방법을 몰랐기 때문에 불안과 공포는 더 클 수밖에 없었어. 독일과 프랑스에서는 유대인들이 우물에 독을 타서 전염병이 생겼다면서 유대인들을 보는 족족 잡아 죽였어. 그런가 하면 페스트를 신이 내린 벌이라고 믿는 사람들도 있었어. 신이 죄 많은 인간들을 보다 못해 죽음의 병으로 심판했다는 거야. 그래서 신에게 속죄하기 위해 일부러 고행의 길에 나선 사람도 있었단다."

"그 뒤로는 페스트가 다시 유행하지 않았나요?"

"웬걸, 14세기 중반 유럽을 휩쓴 페스트는 한동안 자취를 감추었다가 1665년 영국 런던에서 다시 유행했단다. 4~5월에 시작되어 무서운 기세로 퍼지더니, 연말까지 모두 6만 8,596명의 목숨을 빼앗았어. 전염병이 돌자 사람들은 서둘러 런던을 떠나려고 했지. 하지만 '건강 증명서'를 받지 못한 사람들은 런던을 떠날 수 없었어. 런던 시장이 건강 증명서가 없는 사람에게는 성문을 열어 주지 말라고 했기 때문이야. 돈과 인맥이 있는 상류층 귀족과 부자들은 건강 증명서를 쉽게 얻을 수 있었으니, 런던 시내에는 가난한 사람들만이 남게 되었지. 페스트의 유행으로 피해를 본 것은 개와 고양이였어. 엉뚱하게도 개와 고양이가 페스트를 옮긴다는 소문이 퍼져, 런던 시장은 런던에 있는 개와 고양이를 모조리 죽였어. 그 바람에 개 4만 마리, 고양이 20만 마리가 목숨을 잃었지. 고양이가 사라졌으니 런던에 있는 쥐들은 더욱 자유롭게 돌아다니며 전염병을 퍼뜨렸지. 그런데 1666년 9월의 '런던 대화재'★로 런던에서는 페스트가 거의 사라졌어. 수많은 집들이 불에 타, 그곳에서 들끓던 쥐들이 모두 죽었기 때문이야."
"박사님 이야기 재미있게 잘 들었어요. 사람들이 페스트의 원인과 치료 방법을 몰라 그렇게 많은 사람들이 죽었는데, 페스트의 원인과 치료 방법은 언제 밝혀졌죠?"
창희가 묻자 홍길동 박사가 대답했습니다.
"1894년 세균학자 파스퇴르의 제자인 프랑스의 알렉상드르 예르생이 페스트의 원인을 알아냈어. 그는 페스트가 홍콩에서 유행하자, 홍콩으로 가서 페스트로 숨진 사람의 림프절을 떼어내어 현미경으로 관찰했어. 그래서 페스트균을 발견했지. 예르생은 이 페스트균을 건강한 쥐에게 투입했어. 그러자 쥐가 페스트에 걸리는 거야. 그래서 페스트에 감염된 쥐에 기생하는 벼룩이 사람을 물어, 그 사람도 페스트에 걸린다는 걸 밝혀냈지. 예르생은 이 페스트균을, 자신의 이름을 따서 '예르시니아 페스티스'라고 이름 붙였단다. 이렇게 예르생이 페스트의 원인을 밝혀낸 뒤 그 예방약인 백신은 1930년대에 만들어졌어. 그리하여 페스트 환자들을 쉽게 치료할 수 있게 되었지. 그 뒤부터는 페스트로 인해 많은 사람들이 죽는 일이 사라지게 되었단다."

> **런던 대화재**
> 1666년 9월 2일 새벽 2시경, 빵 공장에서 일어난 불이 런던 시내로 번진 대화재를 말한다. 당시 화재는 소방 담당자의 무책임으로 인해 조기에 진화되지 않아, 5일간 87채의 교회, 1만 3천 채의 집이 불탔다. 9명이 희생되었으며, 당시 인구 8만 명 중 7만여 명이 집을 잃고 노숙자가 되었다. 또한 이 화재로 세인트폴 대성당이 불타 버렸다.

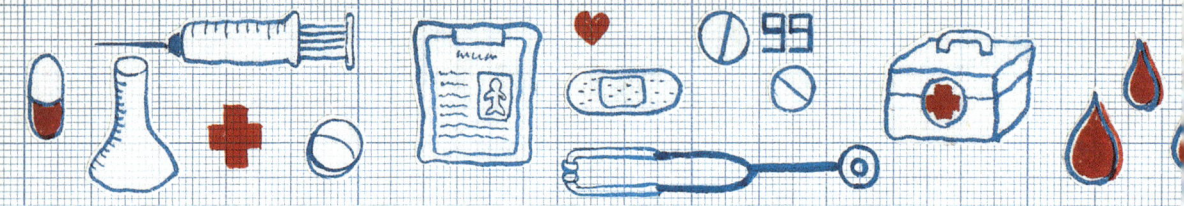

'채찍 고행'으로 신의 분노를 풀어 페스트를 없앤다?

14세기 중반 페스트가 전 유럽을 죽음의 공포로 몰아넣자, 페스트를 하느님의 분노로 보는 사람들이 생겨나기 시작했어요. 이들은 하느님의 분노를 풀려면 진정한 회개를 해야 하고, 회개의 수단으로 '채찍 고행'을 생각해 냈지요.

채찍 고행이란, 자기 죄를 고백한 뒤 옷을 벗고 발가벗은 몸에 채찍질을 가함으로써 하느님의 분노를 푼다는 것이었어요. 이들은 몇 백 명씩 줄지어 여행을 다니며 33일 동안 하루 두세 번씩 길거리에서 채찍 고행을 했어요. 33일은 예수 그리스도의 33년 삶을 뜻했지요.

그러나 이들의 여행은 역효과가 났어요. 페스트가 퍼진 도시를 돌아다니다 보니 오히려 다른 도시에 페스트를 퍼뜨리는 결과를 낳은 거예요. 그리하여 나중에는 사람들이 이들의 방문을 거부하게 되었어요. 1349년 교황 클레멘트 6세는 이들이 이단이라고 발표했어요. 결국 '채찍 고행'은 중단되었어요.

어린이들이 많이 걸렸던 전염병, 홍역과 디프테리아

예전에 어린이들이 많이 걸렸던 전염병은 홍역과 디프테리아였어요. 어른도 감염되었지만 주로 10세 이하의 어린이들이 이 병에 걸렸어요. 전염성이 매우 강하여 환자와의 신체적 접촉으로 쉽게 감염되었어요.

홍역은 몸 전체에 붉은 반점이 생기고 열이 나는 병이에요. 감기와 증세가 비슷하여 콧물이 흐르고 기침이 나며, 눈이 충혈되고 눈물이 고여요. 홍역 바이러스

가 일으키는 병으로, 홍역 환자의 기침이나 재채기로 다른 사람들에게 전염되지요.

홍역은 우리나라에서 누구나 평생 한 번 앓았는데, 면역이 생겨 두 번 앓는 경우는 없었어요. 그러나 옛날에 홍역은 사람들의 목숨을 앗아가는 무서운 병이었어요. 조선 시대에는 여러 번 홍역이 크게 유행하여 각 지방마다 1만여 명씩 떼죽음을 당했어요. 오늘날에는 예방약인 백신이 1963년 미국의 엔더스★에 의해 개발되어 많은 나라에서 홍역이 거의 자취를 감추었어요.

디프테리아는 디프테리아균 때문에 생기는 병으로, 호흡기의 점막이나 피부에 감염을 일으켜요. 열이 많이 나고 피로감을 느끼며, 심하면 심부전과 심장마비를 일으켜 죽을 수도 있어요. 이 병은 디프테리아 환자의 기침이나 재채기로 다른 사람들에게 전염되지요.

디프테리아는 19세기 말에 크게 유행하여 미국과 서유럽을 휩쓸었어요. 1925년에는 미국 알래스카의 '놈' 마을에 디프테리아가 퍼져 수백 명 아이들의 목숨이 위태로웠어요. 그때 알래스카 썰매개들이 전염병을 치료할 약을 썰매에 싣고 1,850킬로미터를 달렸어요. 이 개들 덕분에 수백 명 아이들의 생명을 구할 수 있었지요.

독일의 폰 베링★이 디프테리아 항독소를 개발하여 예방 접종이 시행되었으며, 그 효과가 뛰어나 오늘날에는 드문 병이 되었어요.

> **엔더스 (1897~1985)**
> 미국의 미생물학자. 폴리오바이러스를 배양 세포로 증식하는 데에 처음으로 성공하여 세포 병원성을 알아냈다. 1954년에 노벨 생리·의학상을 받았다.
>
> **폰 베링 (1854~1917)**
> 독일의 세균학자. 특정 세균으로부터 얻은 독소에 의해 면역성을 갖게 된 혈청을 다른 사람의 장기에 주입함으로써 그 세균에 대한 내성을 갖게 하는 혈청 치료법을 개발함으로써 면역 분야에 선구적인 역할을 하였다.

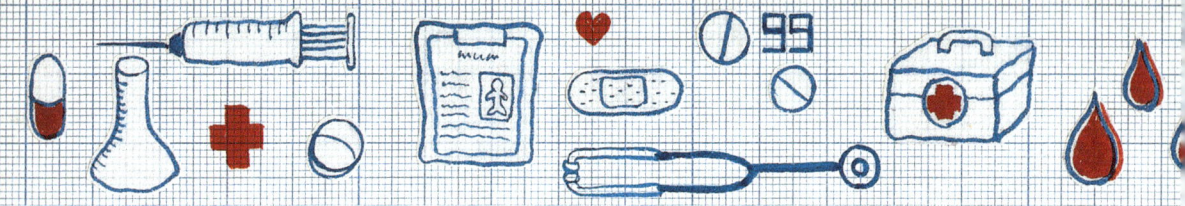

 이것은 꼭 알아 두어요.

중세 유럽 인구의 3분의 1 내지 4분의 1을 희생시킨 전염병은?
페스트.

홍역 예방약인 백신을 개발한 미국의 생물학자는?
엔더스.

디프테리아 항독소를 개발하여 예방 접종을 시행한 독일의 세균학자는?
폰 베링.

제 5 장
아즈텍과 잉카 문명을 멸망시킨 천연두

창희와 세라는 첫날 '어린이 전염병 교실' 수업이 끝나자 집으로 돌아왔습니다.

엄마는 외숙모가 낳은 아기를 보려고 병원에 가서 집에 없었습니다. 식탁 위에는 점심이 차려져 있었습니다. 남매는 마주보고 앉아 점심을 먹었습니다.

"오빠, '어린이 전염병 교실'이 생각보다 재미있지?"

"응, 나도 지루하고 재미없을 줄 알았는데 그 반대야. 들을수록 흥미진진해. 내일은 천연두에 관한 이야기를 해 준다고 하셨지? 어떤 이야기인지 벌써부터 궁금한 걸."

"나도 그래. 빨리 내일이 왔으면 좋겠어."

창희와 세라는 이모의 차로 병원에 가는 동안에도 '어린이 전염병 교실'에서 들은 이야기를 화제로 삼았습니다.

"세라야, 옛날 사람들이 좀 어리석다고 생각하지 않니? 어떻게 전염병의 신이 있다고 믿어?"

"그러게 말이야. 말라리아를 학질 귀신이라고 불렀다고 하잖아. 귀신을 놀라게 하려고 일본 순사의 이름을 적은 종이를 환자의 이마에 붙였다니……."

운전을 하며 곁에서 듣고 있던 이모가 끼어들었습니다.

"전염병 이야기가 그렇게 재미있니? 아까부터 계속 그 이야기만 하니……."

"그럼요. 얼마나 재미있는데요. 이모도 '어린이 전염병 교실'에 오면 시간 가는 줄 모르고 수업에 푹 빠져들 걸요."

"별일이네. 너희 엄마는 너희들이 너무 공부를 안 한다고 걱정을 늘어놓던데, 전염병에 대해서는 흥미를 가지니 말이야. 나중에 의학 박사가 되려나?"

"저희들이라고 의학 박사가 되지 말라는 법은 없죠. 저는 말라리아를 연구하여 예방 백신을 만들 거예요."

창희의 말에 이모는 눈을 동그랗게 떴습니다.

"어머, 그래? 각오가 대단하네!"

창희와 세라가 이모와 함께 병원에 나타나자 엄마가 말했습니다.

"너희들, '어린이 전염병 교실' 수업 마치고 오는 거니? 혹시 병원 간다는 핑계로 중간에 빠져 나온 건 아니지?"

이모가 엄마의 말을 가로챘습니다.

"언니, 말도 안 되는 소리 하지 마. 애들이 첫날 수업을 듣고 나서 전염병에 푹 빠졌어."

"정말? 천만다행이네. 둘 다 공부하기 싫어해서 걱정했는데."

창희와 세라는 나란히 엄마를 노려보았습니다.

"엄마도 참, 그렇게 심한 말을……. 우리가 언제 공부하기 싫어했어? 남들이 보면 오해하겠네."

"정말이야. 우리는 선생님이 재미있게 가르쳐 준다면 무슨 과목이든 흥미를 갖고 열심히 공부해."

엄마는 할 말을 잃었습니다. 재미있게 가르쳤다면 공부에 흥미를 가졌을 거라니, 그럴 듯한 변명이었습니다.

'어린이 전염병 교실'의 첫날 학습 효과는 대단했습니다. 병원에서 아기를 보자마자 창희가 이런 말을 했기 때문입니다.

"아기가 건강하게 자라려면 전염병 예방 주사부터 놓아야 해."

곁에 있던 이모가 깔깔대며 웃었습니다.

"전염병 박사 나셨네. 입만 열면 전염병 이야기야. 걱정하지 마라. 아기

예방 접종은 병원에서 빼놓지 않고 하니…….."

창희와 세라는 집에 돌아와서도 '어린이 전염병 교실'을 기다리며 시간을 보냈습니다. 시간이 그렇게 안 가기는 처음이었습니다.

다음 날 남매는 쏜살같이 도시관으로 달려갔습니다. 전날보다 30분이나 일찍 도착했는데도 아이들이 대부분 와 있었습니다.

"웬일이니? 학교에서 소문난 지각 대장들이 모두 일찍 왔네. 해가 서쪽에서 뜨겠는걸."

"사돈 남 말 하네. 너도 만만치 않거든? 우리 오늘도 옛이야기부터 들려 달라고 조르자. 옛이야기가 가장 재미있잖아."

"좋아. 옛이야기부터 들려주시면 수업 시간 내내 떠들지 않고 조용히 있겠다고 하는 거야."

정각 10시가 되자 홍길동 박사가 교실 안으로 들어왔습니다.

"여러분, 안녕! 모두들 일찍 오셨네. 오늘은 천연두 이야기부터 해 주마."

연두가 기다렸다는 듯이 소리쳤습니다.

"옛이야기를 먼저 한 다음에 수업을 시작하시면 안 될까요?"

"박사님, 부탁해요! 그럼 수업 시간 내내 떠들지 않고 조용히 할게요."

홍길동 박사가 알았다는 듯 고개를 끄덕였습니다.

"여러분이 원한다면 당연히 그래야지. 내가 지난 시간에 천연두는 병을 퍼뜨리는 '손님마마'가 있다고 했지? 손님마마는 마마 귀신, 역신마마,

별성마마 등 여러 이름이 있고……. '두창'이라고 칭하던 천연두를 '마마'라고 불렀는데, 이번 시간에는 마마 귀신에 얽힌 옛이야기를 들려주마."

옛날 충청도 서산 땅에 이 선비가 살았어.
이 선비에게는 친한 친구가 하나 있었어. 그런데 이 친구가 갑자기 전염병에 걸려 일찍 세상을 떠나고 말았지.
이 선비는 다시는 친구를 볼 수 없다고 생각하니 가슴이 미어졌어.
벼 베기를 끝낸 어느 날이었어. 이 선비 집 마당에서는 타작이 벌어졌어. 머슴들이 모여서 곡식의 이삭을 떨어 그 알을 거두고 있었어.
이 선비는 마루에 앉아 하인들의 일하는 모습을 지켜보다가 화들짝 놀랐어. 죽은 친구가 마당으로 들어서는 것이었어.
그 친구의 모습은 이 선비에게만 보였어. 그래서 친구가 왔다는 것을 아무도 눈치 채지 못했지.
이 선비는 얼른 친구를 사랑방으로 데려가서 물었어.
"자네는 이미 이 세상 사람이 아닌데, 어떻게 다시 왔는가?"
친구가 대답했어.
"나는 저승에 가서 염라대왕으로부터 벼슬을 받았어. '두역관장'이라는 벼슬인데, 마마 병을 다스리지. 이 세상에서는 나를 마마 귀신이라고 부른다네. 세상에 마마를 퍼뜨려 아이들을 저승으로 데려가지. 이번에 전라도 지방으로 가게 되었는데, 자네가 보고 싶어 잠깐 들렀어."

이 선비는 근심스러운 얼굴이 되었어.

"마음이 어질고 착한 자네가 그런 일을 맡다니 정말 뜻밖이군. 앞길이 구만 리 같은 아이들을 데려가서, 부모들의 가슴에 못을 박아서야 되겠는가."

"나도 어쩔 수 없이 맡은 벼슬이야. 운명에 따를 수밖에 없지 않겠나."

"그래도 어질고 착한 마음을 잃지 말게나. 아무나 함부로 잡아가지 말고. 특히 자손이 귀한 집안이나 과부의 아들, 장래 크게 될 아이는 꼭 살려 주도록 해."

이 선비는 친구에게 신신당부를 했어.

"갈 길이 바빠서 이만 일어나야겠네. 돌아가는 길에 또 들를 테니 그때 다시 만나세."

"알았네. 잘 가게."

친구는 이 선비에게 인사를 하고는 전라도 지방으로 떠났어.

낙엽이 떨어지니 곧 추위가 닥쳤어. 마을 앞을 흐르던 개울이 꽁꽁 얼어붙어 버렸지.

친구가 이 선비를 찾아온 것은 그런 추운 겨울날이었어.

그런데 이번에는 혼자가 아니라 일행이 많았어. 모두 저승으로 데려가는 아이들이었어.

짐도 꽤 많았지. 사람들이 마마 귀신에게 바친 예물들이었어.

이 선비는 원래 관상을 볼 줄 알았어. 사람의 얼굴이나 체격의 생김새를 보고, 그 사람의 운명을 내다보았지.

이 선비는 아이들을 둘러보았어. 그런데 그 중 한 아이를 보고 깜짝 놀랐어.

'오, 보통 아이가 아닌 걸. 장래 크게 될 인물이야.'

그 아이는 엄청난 짐을 혼자 짊어지고 있었어. 얼마나 힘들어하는지 낑낑대는 소리가 귀에 들렸어. 이 선비는 그 아이가 측은해 친구에게 물었단다.

"여보게, 어째 저 아이만 무거운 짐을 잔뜩 지고 가는가?"

"그럴 만한 이유가 있지. 저 아이는 전라도 어느 고을에 사는 과부의 외아들이야. 위로 할머니, 증조할머니가 모두 과부로서 외아들을 두었더군. 그만큼 자손이 귀한 집안이지. 그래서 나도 저 아이는 데려가고 싶지 않아 마마 병을 가볍게 앓게 했지. 그런데 문제가 생겼어. 저 아이네 집이 아주 잘살아 나한테 많은 예물을 바친 거야. 그런 예물은 빠짐없이 저승으로 가져가야 하거든. 그런데 예물을 실을 말도 없고, 짐꾼도 없으니 어쩌겠어. 할 수 없이 저 아이에게 짐을 짊어지게 했다네."

이 선비는 어이없어했어.

"자네답지 않게 무슨 짓인가? 아이를 짐꾼으로 쓰려고 저승으로 데려가? 제발 저 아이를 집으로 돌려보내게. 짐을 실을 말은 내가 줄 테니 말이야."

이 선비는 마구간으로 갔어. 그리고 말 한 마리를 마당으로 끌고 나왔어.

"고맙네. 이 말은 내가 데려가지."

친구가 말고삐를 잡았어. 그러자 말이 갑자기 쓰러졌어. 이 선비가 살펴보니 숨이 끊어져 있었어.

그런데 쓰러진 말에서 또 한 마리 말이 부스스 일어섰어. 저승으로 떠날 말의 넋이었어.

친구는 아이가 짊어졌던 짐을 풀어 말 등에 옮겨 실었어. 그런 다음 이 선비 집을 나서며 말했어.

"잘 있게. 아이는 집으로 돌려보내겠네."

친구는 이 선비 집 앞에서 아이를 전라도 지방으로 떠나보내고 저승으로 향했어.

기나긴 겨울이 지나고 봄이 왔어.

꽃 피고 새 우는 어느 날, 이 선비 집에 손님이 찾아왔어. 전라도 어느 고을에서 왔다는 김 씨 부인이었어.

"저는 이 선비님 덕분에 살아난 아이의 어미 되는 사람입니다. 이 선비님이 베풀어 주신 은혜를 갚으려고 이렇게 찾아왔습니다."

이 선비는 깜짝 놀랐어.

"아니, 그 일에 대해서 어떻게 아셨습니까?"
"저희 집 아이에게서 들었습니다. 마마 귀신에게 끌려 가는 것을, 이 선비님이 말을 내주어 구해 주셨다면서요? 저희 집 아이는 마마를 심하게 앓지 않았는데 갑자기 죽었습니다. 그래서 저는 우리 고을 장례 풍습에 따라, 아이의 시신을 바깥에 두고 짚을 덮어 두었지요. 그랬더니 며칠 뒤에 아이가 짚을 헤치고 살아나는 게 아닙니까. 정말 고맙습니다."
김 씨 부인은 허리를 굽혀 거듭거듭 절을 했어.

"이 선비님, 저희 집 아이를 맡아 주십시오. 저희 집 재산을 정리해서 가져왔으니 받아 주시고요."

김 씨 부인은 이 선비에게 간절히 부탁했어. 싫다고 해도 막무가내로 청하니 받지 않을 수 없었어.

이 선비는 개울 건너에 아이가 살 집을 얻어 주었어. 그리고 아이의 성을 이씨로 바꾸고 아들처럼 돌봐 주었지.

그 뒤 아이는 이 선비가 내다본 대로 큰 인물이 되어 집안을 크게 일으켰단다.

"이야기는 재미있는데 너무 놀라워요. 옛날에 아이들이 천연두로 많이 죽었나 보죠? 마마 귀신이 세상에 마마를 퍼뜨려 아이들을 저승으로 데려가다니요."

다은이가 얼굴을 찡그리며 말했습니다.

홍길동 박사가 말했습니다.

"우리나라에서는 옛날에 아이가 태어나면 누구나 천연두를 앓았어. 이 병에 걸리면 목숨을 잃는 경우가 많았단다. 살아난다 해도 얼굴이 얽어 곰보 자국이 남았어. 우리나라를 찾은 최초의 서양인 의사 알렌에 따르면, 우리나라 아이들 가운데 절반 이상이 다섯 살이 되기 전에 천연두를 앓다 죽었다는구나."

"와아, 진짜요?"

아이들은 눈이 휘둥그레졌습니다.

"그래, 조선 땅에 천연두에 걸리지 않은 사람은 전국에 100명도 되지 않았어. 그렇게 거의 모든 사람이 앓는 병인데, 많은 사람들을 죽음에 이르게 했으니 정말 무서운 병이지. 특별한 치료약도 없었어. 환자가 생기면 무당을 불러 마마 귀신을 달래는 굿을 했지. 이 굿을 '손님굿'이라고 한단다."

"손님굿이요? 마마 귀신을 '손님'이라고 불렀나요?"

"그렇지. 옛날 사람들은 천연두를 몹시 두려워하여 병 이름을 직접 말하지 않고 '손님' 혹은 '마마'라고 공손히 불렀어. 본래 이름은 콩 모양과 같다고 하여 '두창', 천연적으로 생긴 두창이라고 해서 '천연두'라고 했지. 그런데 두창은 전염성이 강하여 손님처럼 여기저기 돌아다닌다고 해서 '손님'이라는 이름을 얻었단다. 그리고 오는 손님을 막을 수는 없지만, 극진히 대접하면 화를 면할 수 있다고 하여 '손님굿'을 하였지. 두창을 왕과 왕족처럼 '마마'라고 높여 부른 것은, 두려워하는 마음이 컸기 때문이야. 극존칭을 사용하면 두창을 퍼뜨리는 두창신이 기분이 좋아져 아무 해를 입히지 않고 그냥 지나가지 않을까 바랐던 것이지."

창희가 갑자기 생각난 듯 물었습니다.

"천연두는 마마 귀신 또는 두창신이 내리는 병이 아니라 천연두 바이러스가 일으키는 전염병 아닌가요?"

홍길동 박사가 웃으며 말했습니다.

"하하, 지난 시간에 배운 것을 확실히 기억하고 있구나. 옳지. 천연두는 천연두 바이러스로 발병하는 악성 전염병이란다. 환자의 입과 코를 통해 나온 바이러스가 공기 중에 떠 있다가, 다른 사람이 숨쉴 때 들어가 병에 걸리게 하지. 처음에는 잠복기로 10~13일 동안은 아무 증상이 없단다. 그러다가 열이 높아지고 두통·요통·구토에 시달리며, 2~4일 뒤에는 얼굴에 뾰루지와 비슷한 붉은 색 발진이 생기고 곧 온몸으로 퍼진단다. 뾰루지가 점점 커져 고름이 차게 돼. 그 다음엔 딱지가 생겨 떨어지지. 이때 눈에 띄는 흉터를 남기는 거야. 이 병에 걸리면 환자의 20~40퍼센트가 목숨을 잃었어. 살아남더라도 얼굴이 얽어 곰보 자국이 남고, 시력을 잃는 경우도 적지 않았어. 17~18세기에 영국의 런던 시민 가운데 3분의 1이 얼굴에 곰보 자국을 갖고 있었대. 또 맹인의 3분의 2는 천연두 때문에 시력을 잃은 거였대. 하지만 천연두는 한 번 앓고 나면 평생 면역이 생겨 다시는 병에 걸리지 않았어."

세라가 입을 열었습니다.

"천연두가 진짜 무시무시한 병이었군요. 저도 옛날에 태어나지 않고 현대에 태어난 것이 얼마나 다행스러운지 몰라요. 이 예쁜 얼굴에 곰보 자국이 남는다면 정말 끔찍해요."

"아유 공주병! 남들은 가만있는데 혼자만 예쁘다고 하니……. 이젠 저런 말을 듣는 것도 지겨워."

창희가 투덜거리자 세라는 창희를 노려보았습니다.

"오빠! 여러 사람이 있는 자리에서 망신을 줄래? 하나밖에 없는 동생을 사랑할 줄 모르고……. 그렇게 못되게 구니까 점점 얼굴이 애니메이션 영화 주인공인 쿵푸팬더 닮아가지."

"뭐, 어쩌고 어째?"

창희가 발끈하여 세희를 째려보았습니다.

"아서라. 남매끼리 왜들 싸우니? 둘 다 예쁘고 잘생겼는데."

홍길동 박사는 창희와 세라를 다독이고는 말을 이어갔습니다.

"천연두는 인류 역사만큼 오래되었단다. 고대 이집트의 파라오 람세스 5세★도 천연두를 앓다가 죽었어. 람세스 5세 미라의 얼굴에 마마 자국이 뚜렷하게 남아 있거든. 천연두는 고대 로마에서도 크게 유행했어. 〈명상록〉이란 책으로 유명한 마르쿠스 아우렐리우스★ 황제 때 중동 지역으로 원정을 떠났던 로마군이 고국으로 돌아올 때도 천연두를 가지고 와 로마 전역에 퍼뜨렸지. 이때 아우렐리우스 황제를 비롯하여 500만 명 이상이 천연두로 목숨을 잃었단다. 그 뒤 중세 때 천연두는 유럽의 전 지역을 휩쓸었어. 십자군 원정을 떠났던 병사들이 천연두를 옮겨온 거야. 이때도 6천만 명 이상이 천연두로 죽었지. 천연두는 아메리카 대륙으로도 퍼져 나갔단다. 아즈텍과 잉카 문명을 멸망시켰어. 이 이야기는 좀 더 자세히 들려줄게."

> **람세스 5세**
> 기원전 12세기에 활동한 이집트 제20왕조의 왕(BC 1150~1145 재위)이다. 람세스 6세에게 왕위를 빼앗긴 뒤 천연두로 죽은 듯하다.
>
> **마르쿠스 아우렐리우스(121~180)**
> 로마제국의 제16대 황제(재위 161~180)로 5현제(賢帝)의 마지막 황제이며 후기 스토아파의 철학자로 《명상록》을 남겼다. 당시 경제적·군사적으로 어려운 시기였고 전염병의 유행으로 제국이 피폐하여 그가 죽은 후 로마 제국은 쇠퇴하였다.

홍길동 박사는 헛기침으로 목소리를 가다듬더니 이야기를 시작했습니다.

남아메리카의 멕시코 지역에는 16세기에 수준 높은 문명을 이룩했던 아

아즈텍 제국
15세기부터 16세기 초까지 멕시코 고원에서 번성하던 아메리카인디언의 고대 제국.

에르난 코르테스 (1485~1547)
에스파냐의 아즈텍 제국 정복자. 쿠바에서 식민지 원정대에 근무하였으나 독자적으로 군사를 이끌고 유카탄반도를 원정하였고 아즈텍 제국을 점령하였다. 아즈텍에 에스파냐 식민지를 건설하고 총독을 지냈다.

몬테수마 2세 (1486년경~1520)
고대 멕시코의 황제 (재위 1504~1520). 에스파냐의 멕시코 침략 시 아즈텍 제국의 지배자였다. 재판소 개혁, 공공건축물 건조, 병원을 신설했다. 코르테스의 상륙 후 그 간계에 빠져 포로가 되었다.

테노치티틀란
15, 16C 아즈텍 제국의 수도로 이집트 기자 다음으로 큰 피라미드가 있다.

케찰코아틀
873~875년에 툴라 왕국을 다스렸으나, 국내의 군사 계급과의 투쟁에 패배하여 쫓겨나 멕시코를 떠났다. 이 왕이 언젠가는 멕시코로 다시 돌아온다는 전설에 따라, 멕시코인은 정복자 코르테스를 케찰코아틀의 화신으로 보았다.

즈텍 제국★이 있었어.

에스파냐의 군인 에르난 코르테스★가 5백여 명의 병사, 16마리의 말, 14문의 대포 등을 11척의 배에 싣고 지금의 멕시코 해안에 도착한 것은 1519년 4월이었어. 이곳은 몬테수마 2세★가 다스리는 아즈텍 제국이었어. 아즈텍 제국은 인구 2천만 명이 넘었으며, 수도인 테노치티틀란(지금의 멕시코 시티)★은 10만 명을 훌쩍 넘긴 대도시였지.

코르테스가 이 큰 나라를 정벌할 수 있었던 것은 아즈텍 족의 전설을 이용했기 때문이었어. 수백 년 전 떠난 '깃털 달린 뱀신' 케찰코아틀★이 다시 돌아올 것이라는 전설이 아즈텍 족에게 있었어. 그런데 코르테스가 아즈텍 제국에 나타난 것이 때마침 케찰코아틀이 돌아온다던 그 해였어. 몬테수마 2세는 코르테스를 케찰코아틀로 믿었단다.

아즈텍에서는 사람의 심장을 태양신을 모신 신전에 바치는 풍습이 내려오고 있었어. 아즈텍 족은 제물을 얻기 위해 다른 부족들과 자주 전쟁을 벌였어. 그러고는 전쟁 포로들을 제물로 바쳤어. 그래서 다른 부족들은 아즈텍 족에 대해 원한을 품었지.

코르테스는 아즈텍 족에 반대하는 다른 부족들을 자기편

으로 만들어, 1521년 8월 끝내 테노치티틀란을 점령하고 아즈텍 제국을 정복했어.

그런데 코르테스가 아즈텍 제국을 멸망시키는 데 일등 공신은 그의 군대가 아니라 천연두였어. 에스파냐 병사가 데려온 흑인 노예 한 사람이 천연두에 감염되었는데, 이 사람 때문에 천연두가 아즈텍 제국에 널리 퍼진 거야. 아즈텍 사람들은 천연두에 걸려 죽어갔지.

이러다 보니 아즈텍 사람들은 코르테스의 군대에 맞서 싸울 수가 없었어. 그저 도망치기에 바빴지. 코르테스는 적은 병력으로 아즈텍 제국을 쉽게 정복했어.

코르테스의 군대가 테노치티틀란을 점령했을 때 그곳은 시체들로 뒤덮여 있었어. 코르테스가 "시체를 밟지 않고 길을 지나갈 수 없었다."고 기록했을 정도였지. 그때 이미 테노치티틀란은 황제 몬테수마 2세를 비롯하여 인구의 절반 이상이 천연두로 목숨을 잃은 뒤였거든.

천연두는 아즈텍 제국만 휩쓴 게 아니었어. 남아메리카 대륙 전체로 빠르게 퍼져 나갔지. 잉카 제국 역시 이 전염병을 피할 수가 없었단다.

잉카 제국은 11세기 말경 중부 안데스 지역에 나타난 잉카 족이 세운 나라야. 잉카 족은 12세기 초에 수도 쿠스코★를 중심으로 페루·에콰도르·볼리비아·칠레에 이르는 잉카 제국을 건설했지. 1532년 에스파냐의 피사로에게 멸망당할 때까지 수준

쿠스코
안데스 산맥 해발 3,399m 지점의 분지에 있는 잉카 제국의 수도로서 한때 1백만 명이 거주하였다.

높은 문명을 이루었어.

그런데 피사로*가 잉카 제국에 도착하기 전에 이미 천연두가 이 나라를 점령하고 있었어. 황제를 비롯하여 10만 명이 넘는 사람들이 천연두로 목숨을 잃은 뒤였지. 이리하여 잉카 제국은 힘 한 번 써 보지 못하고 수백 명에 불과한 피사로 군대에게 어이없이 정복당하고 말았단다.

천연두는 남아메리카 대륙뿐만 아니라 북아메리카 대륙까지 휩쓸었어. 1633년 지금의 매사추세츠 주의 플리머스에서 처음 환자가 발생한 뒤, 인디언 부족들에게 삽시간에 퍼져 나갔어. 원주민의 90퍼센트 이상이 천연두로 죽었지. 그래서 천연두가 없었다면 북아메리카 대륙을 영국과 프랑스가 식민지로 만들지 못했을 거라는 말까지 전해지고 있단다. 천연두 덕분에 인디언 부족들의 저항을 받지 않고 어려움 없이 땅을 넓힐 수 있었다고, 영국의 조지 3세*는 '축복의 천연두'라고 불렀다는구나.

천연두가 들어온 뒤 아메리카 대륙에서만 1억 명 이상이 목숨을 잃었어. 아메리카 원주민들에게 천연두는 최악의 질병이었지.

> **피사로 (1475년 추정~1541)**
> 에스파냐의 탐험가. 1510년 바르보아와 함께 태평양을 발견하였다. 또 에스파냐 궁전의 원조를 얻어 1531년 파나마로부터 잉카로 쳐들어가 잉카 제국을 멸망시키고 식민지를 세웠다.
>
> **조지 3세 (1738~1820)**
> 조지 2세의 손자로, 1760년에 즉위했다. 왕실 비용을 줄인 돈으로 의원을 매수하여 어용당을 만들어, 이를 조종함으로써 실질적으로 국정의 지도력을 강화하였다.

홍길동 박사가 이야기를 마치자 창희가 고개를 갸우뚱했습니다.

"박사님, 저는 이해할 수가 없어요. 아메리카 대륙에 온 유럽 사람들은 전염병에 잘 걸리지 않았는데, 어째서 아메리카 원주민들만 전염병에 걸려 떼죽음을 당했죠? 같은 사람인데요?"

"오, 대단하다! 아주 중요한 점을 지적했어. 그렇지 않아도 내가 그 점에 대해 말하려던 참이었어."

홍길동 박사는 창희를 칭찬한 뒤 말을 이어갔습니다.

"아메리카 원주민들이 전염병으로 떼죽음을 당한 것은 유럽 사람들과 달리 면역력이 없었기 때문이야. 유럽에는 천연두·발진티푸스·장티푸스·간염·홍역 등 온갖 병균이 들끓었어. 그래서 유럽 사람들에겐 이런 병균에 대한 면역성이나 유전적인 저항력이 있었지. 하지만 아메리카 원주민들은 달랐어. 아메리카 대륙에는 인간에게 치명적인 전염병이 없었기에 전염병에 대한 면역력이 없었지. 게다가 아메리카 원주민들은 가축을 별로 기르지 않았어. 학자들에 따르면, 유행성 질병을 일으키는 세균과 바이러스는 가축으로부터 비롯되었다고 해. 천연두·홍역 바이러스는 소, 인플루엔자 바이러스나 백일해균은 돼지·개·오리에게서 사람으로 전해졌거든. 하지만 아메리카 대륙에서는 빙하기가 끝날 때 포유동물의 80퍼센트 이상이 희생되어 소·돼지 등 가축으로 기를 만한 짐승이 없었단다. 가축이라고 해 봐야 칠면조·라마 등이 전부였지. 그래서 유행성 질병이 나타나지 않아, 아메리카 원주민들이 면역력을 기를 수 없었던 거야."

"그렇군요. 천연두가 유행할 때 아메리카 원주민들이 왜 한꺼번에 그리 많이 죽었는지 확실히 알겠어요. 박사님, 천연두를 예방하는 백신은 언제 만들어졌나요?"

눈도 깜박이지 않고 이야기에 귀를 기울이던 동배가 질문을 던졌습니다.

"이런 질문 나올 줄 알았다. 천연두를 예방하는 백신은 1796년 영국의 의사 제너★에 의해 개발되었단다. 그런데 이를 알아보기 전에 알아두어야 할 것이 있어. 천연두가 사람의 목숨을 빼앗는 무서운 전염병이지만, 한번 앓고 나면 평생 면역이 생겨 다시 병에 걸리지 않는다고 했지? 그래서 고대 중국에서는 이런 점을 이용하여 천연두를 예방하는 방법을 알아냈어. 천연두 환자의 부스럼을 가루로 만든 뒤, 은으로 만든 관을 통해 사람의 콧구멍 속에 불어넣어 천연두를 약하게 앓게 했어. 그러면 평생 면역이 생겨 다시는 병에 걸리지 않거든. 이 예방 접종법은 인도·페르시아·터키 등에도 전해졌어. 아랍 사람들은 천연두 환자에게서 고름을 뽑아 건강한 사람의 피부에 찔러 넣었어. 이러한 예방법을 '인두법'이라고 해. 인두법은 천연두를 예방하는데 효과가 있었지만 완전하지는 않았어. 열 사람 가운데 한 사람은 천연두를 심하게 앓다가 목숨을 잃었거든.

그런데 영국의 의사 제너는 천연두를 예방하는 다른 방법을 알아냈어.

제너 (1749~1823)
영국의 의학자, 우두접종법을 발견하여 천연두로 인한 사망자를 줄이는 데 공헌했다.

어느 날 제너는 시골 마을에서 우두에 걸린 사람은 천연두에 걸리지 않는다는 이야기를 들었어. 우두는 천연두와 비슷한 소의 병인데, 소에게서 사람으로 전염되면 몸에 작은 부스럼이 생기는 정도였어.

제너는 귀가 번쩍 뜨였지. 우두를 잘 이용하면 천연두를 예방할 수 있겠다는 생각이 들었어. 그래서 그는 1796년 우두에 걸린 사람에게서 고름을 뽑아, 여덟 살 난 건강한 소년의 팔에 주사했단다. 그리고 6주 뒤 소년에게 천연두 환자의 고름을 주사했지. 그런데도 소년은 천연두에 걸리지 않았어. 우두균 덕분에 평생 면역이 생긴 거야.

우두에 걸린 송아지의 고름을 사람에게 접종하는 방법을 '종두법'이라고 해. 제너가 발견한 종두법은 천연두를 예방하는 백신으로 엄청난 반향을 일으켰어. 이 백신은 전 세계로 빠르게 퍼져 천연두를 예방하는 데 크게 기여했단다.

1980년 5월 세계 보건 기구는 천연두가 지구에서 완전히 사라졌음을 선언했어. 천연두에 걸리는 사람이 더 이상 나타나지 않은 거야. 제너가 천연두를 예방하는 백신을 개발한 덕분이었지."

"천만다행이에요. 제너가 천연두를 예방하는 백신을 개발하지 않았다면 오늘날 우리 인류는 어떻게 되었을까요? 생각만 해도 소름이 끼쳐요."
세라는 끔찍한지 진저리를 쳤습니다.

홍길동 박사가 말했습니다.

"우리가 여러 전염병에 대해 공부하고 있는데, 이제까지 여러분에게 소개한 말라리아·페스트·천연두야말로 역사상 가장 악명 높은 전염병이라 할 수 있어. 이들 전염병 때문에 수많은 사람들이 목숨을 잃었으니까. 세계 역사를 살펴보면 이들 전염병 못지않게 인류의 생명을 앗아간 무서운 전염병이 많이 있단다. 그중에서도 발진티푸스는 전쟁에 나선 군인들에게 아주 가혹했지. 이 전염병으로 죽은 군인이 전투를 치르다 죽은 군인보다 훨씬 많았거든. 특히 러시아 원정을 떠났던 나폴레옹* 군은 이가 옮기는 발진티푸스 때문에 무너지고 말았단다. 프랑스 60만 대군은 러시아 군을 만나기도 전에 발진티푸스의 공격을 받아 떼죽음을 당했지. 여러분에게 먼저 이 이야기부터 들려주마."

아이들은 홍길동 박사를 바라보며 마른침을 꿀꺽 삼켰습니다.

홍길동 박사는 천천히 이야기를 시작했습니다.

나폴레옹 (1769~1821)
프랑스의 군인. 국정을 정비하고 법전을 편찬하는 등 개혁 정치를 실시했으며 유럽의 여러 나라를 침략하며 세력을 팽창했다. 그러나 러시아 원정 실패로 엘바 섬에, 워털루전투 패배로 세인트헬레나 섬에 유배되었다.

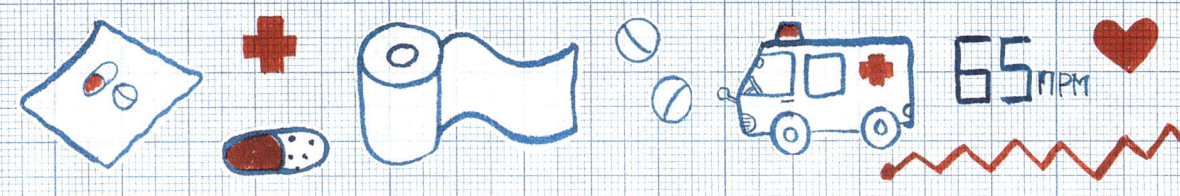

천연두는 생물학 무기로 사용되었다?

전쟁 중에 사람을 죽이거나 병들게 하려고, 전염병을 일으키는 미생물이나 전염병에 감염된 쥐·벼룩 등을 일부러 적지에 살포하는 전략을 '생물전'이라고 해요. 이 때 사용하는 천연두·탄저병·콜레라·페스트·발진티푸스 등 무서운 전염병을 일으키는 미생물 등을 '생물학 무기'라고 하지요.

생물전은 오랜 옛날부터 흔히 벌어졌어요. 알렉산더 대왕★은 전염병으로 죽은 동물이나 병사의 시체를 적진으로 쏘아 보냈어요. 그리고 1347년 몽골군이 크림 반도의 카파를 공격할 때는, 투석기를 이용해 페스트 환자 시체들을 도시 안으로 날려 보냈어요. 이것은 물론 적진에 전염병을 퍼뜨려 적군을 몰살시키겠다는 전략이었지요.

> 알렉산더 대왕(BC 356~BC 323) 마케도니아의 왕. 그리스·페르시아·인도에 이르는 대제국을 건설하여 그리스 문화와 오리엔트 문화를 융합시킨 새로운 헬레니즘 문화를 이룩하였다.

18세기에 영국이 북아메리카 대륙을 식민지로 만들려고 아메리카 인디언들과 싸울 때는 천연두를 생물학 무기로 사용했어요. 1763년 영국군의 에퀴어 대위는 인디언 추장에게 천연두 환자의 담요를 건넸어요. 그러자 얼마 뒤 오하이오 강 계곡의 인디언 부족들에게 천연두가 퍼졌답니다. 이 작전 덕분에 영국군은 오랫동안 점령하지 못했던 카리용 요새를 쉽게 손에 넣을 수 있었어요.

현대에 와서도 전쟁을 일으킨 나라들은 생물전에 사용하려고 생물학 무기를 연구·개발했어요. 태평양전쟁을 일으킨 일본은 제2차 세계대전 때 일본군 731부대에서 생물전 준비를 위해 '마루타'라고 부르는 희생자들을 감옥에 가둬 놓고 잔혹한 생체 실험을 했어요.

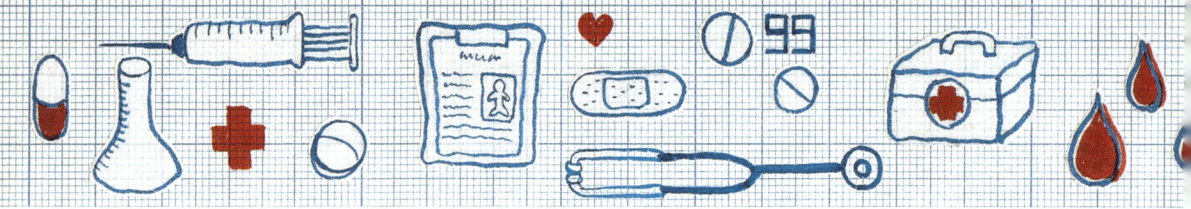

생체 실험 대상은 만주에 사는 중국인이나 조선인, 몽고인, 소련인 등이었어요. 1933년 세워진 일본군 731부대는 갖가지 생체 실험을 했어요. 멀쩡한 사람의 몸에 콜레라, 페스트 등의 전염병균을 넣어 관찰하는가 하면, 물만 마시게 하고 두 달 이상을 견디게 하거나 독가스를 뿌려 어떻게 죽어 가는가에 대한 실험도 했어요.

일본군이 이런 끔찍한 실험을 한 것은 많은 사람들을 죽일 강력한 생물학 무기를 개발하기 위해서였어요. 731부대 안에는 콜레라균·페스트균·탄저균·결핵균 등 20여 개의 세균 무기를 개발하기 위해 2,600여 명을 17개 반으로 나누어 온갖 만행을 저질렀어요.

제2차 세계대전 이후에도 미국·소련 등 세계 열강들은 생물학 무기를 많이 연구·개발했어요. 소련의 생물전 능력은 세계 최고였는데, 일 년에 탄저균을 4,500톤이나 생산했어요. 미국이 일 년에 탄저균을 1톤쯤 생산한 것에 비하면 그 규모가 대단했지요.

생물학 무기는 가공할 위력으로 인류의 생존에 위협이 되기 때문에 세계 여러 나라는 1972년 생물학 무기 사용 금지 협정을 맺었어요. 100여 개국이 여기에 참여했지만, 많은 나라들이 방어 전략을 구실로 생물학 무기의 연구·개발을 추진하는 실정이랍니다.

우리나라에서 종두법 보급에 앞장선 지석영

지석영*은 우리나라에서 최초로 종두법을 도입하여 천연두를 이 땅에서 몰아

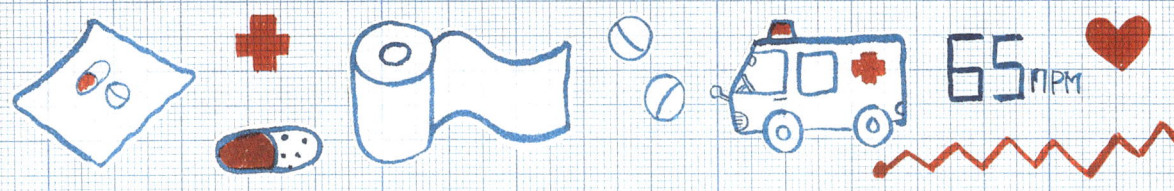

내는 데 큰 공을 세운 사람이에요.

그는 1855년 서울에서 가난한 선비인 지익룡의 넷째 아들로 태어났어요. 아버지의 친구 중에는 중인 출신의 한의사인 박영선이 있었어요. 지석영은 박영선에게 한문과 의학을 배웠어요.

1876년 박영선이 수신사 김기수의 통역관 겸 수행 의관으로 일본을 다녀왔어요. 박영선은 일본에서 종두법을 대충 익히고 〈종두귀감〉이란 책을 가져왔어요. 지석영은 스승을 통해 종두법에 관한 이야기를 듣고 종두법에 흥미를 가졌어요. 그래서 〈종두귀감〉을 빌려 읽고 혼자 종두법을 공부했지요.

지석영 (1855~1935)

조선 후기의 의사. 최초로 종두법을 도입했다. 의학 교육 사업과 한글 보급 및 연구에도 힘썼다.

지석영은 종두법에 대해 좀 더 깊이 있게 배워 보려고, 부산까지 걸어 일본 해군 소속인 제생 의원을 찾아갔어요. 제생 의원이 우리나라에서 최초로 종두법을 시술하고 있다는 소문을 들었기 때문이에요. 지석영은 제생 의원 원장인 일본인 의사 마쓰마에와 군의관 도즈카에게 두 달 동안 종두법을 직접 배웠어요. 그리고 서울로 올라오는 길에 충주의 처갓집에 들러, 장인을 설득해 2살짜리 처남에게 종두법을 처음으로 시술했어요. 그리하여 성공을 거두자 자신감을 얻어, 40여 명의 어린이에게 종두법을 시술했답니다.

1880년 지석영은 우두국을 설치하여 종두법을 보급하기 시작했어요. 어린이들에게 우두를 접종하고, 사람들에게 종두법이 얼마나 과학적인지 설명했어요. 그러나 당시 사람들은 우두를 맞으면 소처럼 미련해지거나 소의 영혼이 몸속에 들어온다는 둥, 종두법에 대해 무지했어요. 그래서 우두를 접종하는 것을 거부하기도 했어요. 그리하여 1882년 임오군란이 일어났을 때는 무당들의 선동으로 사람

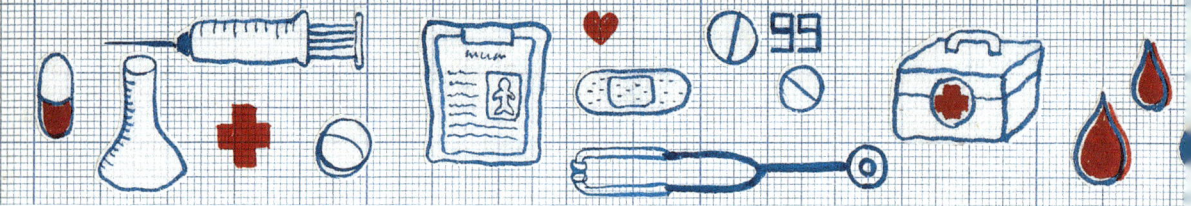

들이 그의 종두장을 불태웠답니다.

하지만 지석영은 좌절하지 않고 다시 종두장을 세웠으며, 종두법 보급에 더욱 힘을 기울였어요. 그 결과 1895년 나라에서는 모든 백성이 의무적으로 우두 접종을 받도록 하는 종두법을 만들었어요.

종두법 보급에 앞장선 지석영의 노력은 헛되지 않았어요. 우두 접종자는 점점 늘어나 1908년 54만 명, 1910년 122만 명, 1912년 307만 명이었어요. 그리고 이에 힘입어 천연두 환자도 점점 줄어들었지요. 그 뒤 우리나라는 계속해서 천연두 예방에 힘쓴 결과, 1959년 이후에는 환자가 발생한 적이 없답니다.

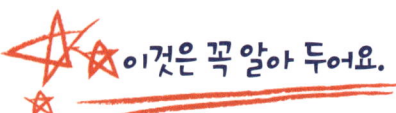

천연두를 예방하는 백신은 누구에 의해 개발되었나요?
1796년 영국의 의사 제너에 의해.

천연두가 한 번 앓고 나면 평생 면역이 생겨 다시는 안 걸린다는 점을 알고는, 중국에서 개발한 천연두 예방법은?
천연두 환자의 부스럼을 가루로 만든 뒤, 은으로 만든 관을 통해 사람의 콧구멍 속에 불어넣어 천연두를 약하게 앓게 하여 평생 면역이 생기게 해요.

제 6 장
러시아 원정 때 나폴레옹 군대는 발진티푸스에 무너졌다?

1812년 6월 나폴레옹은 약 60만 명의 대군을 이끌고 러시아 원정을 떠났어. 병력의 절반은 오스트리아·폴란드·독일·에스파냐 등 동맹국 군대로 채웠지.

그들은 동부 독일에 모여 출발했는데, 러시아로 가려면 폴란드를 지나야 했어. 그런데 폴란드에 와서 문제가 생겼어. 나폴레옹 군 중 많은 병사들이 높은 열이 나면서 심한 두통에 시달린 거야. 급기야 그들의 몸에 붉은색 발진이 퍼졌어. 그들은 얼굴이 붓고 온몸이 검게 변한 상태에서 처참하게 죽어갔단다.

병사들에게 퍼진 전염병은 발진티푸스였단다. 이 병은 사람의 몸에 기생

> 이
> 사람이나 가축 등의 포유류에 기생하여 피해를 주며, 일부는 전염병을 옮긴다. 몸길이 0.5~6mm로 납작하다. 몸빛깔은 담황색 또는 농갈색을 띤다.

하는 이*가 옮기는데, 당시에 사람들은 몸을 자주 씻지 않아 이가 많았어. 특히 폴란드에는 물이 부족해서 목욕은 꿈도 꾸지 못했어. 그러다 보니 폴란드 사람들은 몹시 지저분하고 온몸에 이가 들끓었단다. 폴란드를 지나오면서 수많은 병사들이 발진티푸스에 걸려 떼죽음을 당했단다. 9월 초, 러시아에 닿았을 때는 겨우 13만 명만 남아 있을 뿐이었어.

나폴레옹 군이 러시아 땅을 휩쓸자 러시아 군은 달아나기에 바빴지. 총력전을 펼쳤다가는 질 것이 뻔했기 때문이야.

러시아 주민들이 피난을 떠나 버려 먹을 것이 없는데다 발진티푸스가 계속 돌아 수많은 병사들이 쓰러져 갔어. 그 때문에 나폴레옹 군은 다시 9만 명으로 줄어들었지.

9월 7일, 모스크바 근처의 보로디노에서 러시아 군을 물리친 나폴레옹 군은 일 주일 뒤에 모스크바로 들어갔어. 그러나 모스크바는 텅 비어 있었고, 원인을 알 수 없는 대화재로 시내가 대부분 잿더미로 변해 있었어.

나폴레옹은 러시아의 수도인 모스크바를 점령했으니, 러시아 황제 알렉산드르 1세가 항복해 올 줄로 알았어. 그러나 그것은 잘못된 생각이었어. 러시아 황제는 "모스크바를 잃었다고 해서 러시아를 잃은 것이 아니다."라고 말하며 장기전으로 끌고 가 나폴레옹 군을 무찌를 작전을 짜고 있었거든.

9월을 넘기게 되자 나폴레옹 군은 더 이상 모스크바에 머물러 있을 수가 없었어. 추위와 굶주림에 쓰러져 죽어가는 병사들이 많았기 때문이야. 병사들은 먹을 것이 없어 고양이를 잡아먹었다고 해.

10월 19일, 나폴레옹은 할 수 없이 모스크바에서 철수하기 시작했어.

그때 러시아 군이 끈질기게 추격하기 시작했어.

11월 초, 나폴레옹 군은 5, 6만 명으로 줄어들었어.

12월 6일에는 기온이 영하 38도까지 내려갔는데, 나흘 사이에 4만여 명이 얼어 죽었어. 마네 강을 건너 간신히 살아 돌아온 병사는 1만 명도 되지 않았다고 해. 60만 명의 대군을 러시아 원정에서 모두 잃은 거지.

"내 사전에 불가능이란 없다."고 외쳤지만 나폴레옹은 러시아 원정에서 실패했어. 몰락의 길로 들어서면서 결국 1814년, 나폴레옹은 엘바 섬으로 유배를 떠나는 신세가 되었단다.

"어이가 없어요. 세계 정복을 꿈꾸며 유럽을 휩쓸던 나폴레옹 군대가, 이가 옮기는 발진티푸스 때문에 처참하게 무너지다니요. 결국 나폴레옹은 이한테 무릎을 꿇은 셈이네요."

이야기에 흠뻑 빠져 있던 연두가 소감을 밝혔습니다.

"천하무적을 자랑하던 나폴레옹도 전염병 앞에서는 종이호랑이에 불과하군요. 박사님, 나폴레옹 군 병사들이 잘 씻지 않아서 발진티푸스에 걸

린 거죠?"

창희의 질문에 홍길동 박사가 대답했습니다.

"발진티푸스는 불결하고 더러운 곳에서 생기는 병이야. 앞서 이야기했듯이 나폴레옹 군 병사들은 독일을 떠나 폴란드에 와서 집단으로 발진티푸스에 감염되었어. 폴란드에서 나폴레옹 군 병사들은 오두막에 함께 모여 잠을 잤단다. 오두막에는 당연히 이가 득실거렸지. 이가 이 사람저 사람 옮아 다니며 피를 빤 거야. 발진티푸스 환자 한 사람이 하루 100명에게 병을 전염시킬 수 있대. 발진티푸스는 세균보다 작은 미생물인 리케차★가 일으키는 질병이야. 리케차에 감염된 이가 똥을 싸낸 리케차가 똥으로 나와. 그런데 이가 피를 빨려고 사람을 물면 가려움 때문에 긁잖니. 그때 생기는 가벼운 상처를 통해 리케차가 병사들의 몸으로 들어가는 거야. 그렇게 해서 발진티푸스에 걸리는 거지."

> **리케차**
> 발진티푸스, 양충병, 큐열(Q fever) 따위를 일으키는 병원균인, 리케차과에 속하는 세균류를 통틀어 말한다.

"발진티푸스에 걸리면 어떤 증상이 나타나죠?"

"발진티푸스의 잠복기는 1~2주일이야. 잠복기가 지나면 초기 증상은 감기와 비슷해. 두통·고열·오한·피로감·근육통 등이 나타나거든. 그러다가 붉은 반점이 온몸에 퍼지고, 심하면 환각에 빠져 헛소리를 한단다. 정신 착란을 일으켜 몸을 식힌다고 강물 속에 뛰어드는가 하면, 혼수상태에 빠지기도 하지. 심하면 2주일도 안 되어 심장마비로 죽음에 이르게 돼. 제대로 치료를 받지 못하면 절반 이상이 목숨을 잃게 돼.

발진티푸스는 15세기 후반에 중동 지방에서 유럽으로 전해졌다고 해. 군대나 수용소처럼 사람들이 많이 모인 곳에서 생기기 때문에 발진티푸스를 '전쟁티푸스' 또는 '감옥티푸스'라고 부르기도 했지.

발진티푸스는 17~19세기에 유럽에서 크게 유행했는데, 독일에서 일어난 30년 전쟁, 나폴레옹의 러시아 원정, 프랑스·영국·러시아의 크림전쟁,

19세기 초의 아일랜드 감자 기근 때 많은 사람들의 목숨을 앗아갔어. 그리고 제1차 세계대전 때는 러시아·폴란드·루마니아에서 이 병이 유행하여 2~3천만 명이 감염되고 3백만 명 이상이 죽었단다. 제2차 세계대전 중에도 나치 포로 수용소, 피난민 수용소 등에서는 발진티푸스로 죽은 사람들이 많았단다. 하지만 제2차 세계대전 때 발진티푸스를 예방하는 백신이 개발되고, 1943년 이후 살충제인 DDT를 사용하면서 발진티푸스를 막을 수 있게 되었어. 그 덕분에 역사상 처음으로 발진티푸스로 죽은 사람보다 전쟁으로 죽은 사람이 더 많아졌지."

귀담아듣던 창희가 홍길동 박사에게 물었습니다.

"박사님, 발진티푸스가 이가 옮기는 전염병이라는 건 누가 알아냈나요?"

"좋은 질문이다. 발진티푸스가 죽음을 부르는 무서운 병으로 알려져 있어도, 이 병이 어떻게 전염되는지 아무도 몰랐지. 19세기까지도 수수께끼로 남아 있었던 거야. 그러던 어느 날 북아프리카 튀니지의 파스퇴르 연구소에서 일하던 의사 샤를 니콜*은 발진티푸스 환자들을 관찰하다가 한 가지 의문을 품었어. 이 환자들이 병원에 오기 전에는 많은 사람들에게 병을 퍼뜨렸는데, 정작 병원에 들어와서는 아무에게도 병을 옮기지 않는 거야. 왜 그럴까 곰곰이 생각해 보다가 드디어 답을 찾아냈어. 병을 옮기는 원인은 환자들이 입던 더러운 옷이었어. 그 옷에

샤를 니콜 (1866~1936)
프랑스의 미생물학자. 1909년에 발진티푸스균이 이에 의하여 매개되어 감염된다는 것을 발견하여 제차 세계대전 중 발진티푸스의 예방에 공헌하였다.

이가 숨어 있어 사람들에게 병을 옮긴 거야. 병원에 와서는 더러운 옷을 벗고, 목욕을 한 뒤 깨끗한 환자복으로 갈아입으니 아무에게도 병을 옮기지 않았던 거야. 샤를 니콜은 원숭이를 대상으로 실험을 한 끝에 이가 발진티푸스를 옮긴다는 사실을 알아냈어. 그리고 이의 똥에 있는 미생물인 리케차를 통해 병이 전염된다는 사실도 밝혀냈지. 1909년 샤를 니콜은 이런 연구 결과를 발표하여 세상을 깜짝 놀라게 했고, 그 공로를 인정받아 1928년 노벨의학상을 받았단다. 샤를 니콜이 이처럼 획기적인 발견을 했기에, 약 30년 뒤 후진들에 의해 발진티푸스를 예방하는 백신이 만들어질 수 있었지."

"그렇군요. 전염병 이야기는 알면 알수록 재미있어요. 참! 박사님, 나폴레옹 이야기를 듣다가 한 가지 궁금한 것이 생겼어요. 나폴레옹은 정말 키가 작았나요?"

동배가 묻자 홍길동 박사가 되물었습니다.

"나폴레옹이 정말 키가 작았다고 보니?"

"글쎄요. 나폴레옹이 어렸을 때 '땅꼬마'라고 불리었다던데요?"

"그것은 어렸을 때 이야기이고, 실제는 그렇게 작은 키가 아니었대. 나폴레옹의 키는 원래 167센티미터쯤 되었거든. 1800년대 프랑스 파리 사람들의 평균 키가 164센티미터였다고 하니 나폴레옹은 당시의 평균 키보다 크다고 할 수 있어."

홍길동 박사의 설명에 창희가 고개를 갸웃했습니다.

"이상하네요. 나폴레옹이 당시의 평균 키보다 큰데, 왜 키가 작다고 소문이 났을까요?"

"그것은 나폴레옹이 죽은 뒤 그의 죽음의 원인을 밝히려고 부검을 맡은 의사가 그의 키를 5피트 2인치라고 발표했기 때문이야. 5피트 2인치는 157.5센티미터야. 본래는 5피에 2인치인데, 이를 영국식 피트 단위로 착각하여 5피트 2인치라고 한 거야. 프랑스의 길이 단위인 피에는 1피에가 32.48센티미터야. 영국의 길이 단위인 피트는 1피트가 30.48센티미터이니 2센티미터나 차이가 나지. 5피에 2인치는 167.6센티미터란다. 그런데 이를 피트로 착각하여 나폴레옹의 키가 157.5센티미터로 줄어든 거야."

홍길동 박사의 친절한 설명에 창희가 울상을 지었습니다.

"제 키가 작아서 키 작은 영웅이라는 나폴레옹을 존경해 왔는데요. 나폴레옹이 키가 크다고 하니 서운하네요. 이제 누구를 존경하죠?"

"뭐 그런 걸 가지고 고민하니? 이제부터는 이 홍길동 박사를 존경하면 되지. 내 키가 줄어든 나폴레옹의 키인 157.5센티미터이거든."

창희가 저도 모르게 소리쳤습니다.

"아, 참! 그러면 되겠네요. 저도 박사님 같은 전염병 박사가 되고 싶거든요."

"좋았어! 10년 뒤에 우리 전염병 연구소로 들어오렴. 함께 말라리아 백신을 개발하여 노벨상을 타자."

홍길동 박사의 말에 아이들이 일제히 박수를 쳤습니다.

"와아, 짱이다! 박사님과 창희에게 미리 사인 받아 놔야겠네!"

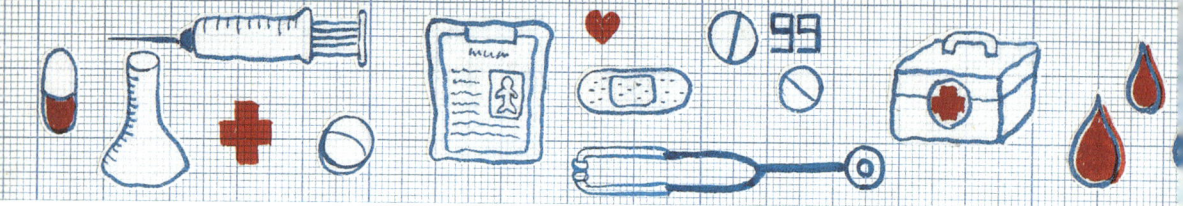

발진티푸스와 말라리아 예방에 큰 공을 세운 살충제, DDT

DDT는 해로운 곤충을 없애는 데 널리 쓰였던 살충제 가운데 하나예요. '디클로로 디페닐 트르클로로에탄'의 머리글자를 따서 'DDT'라고 불리었어요. 회백색의 가루로 되어 있지요.

이 살충제는 1873년 오스트리아의 대학원생 자이들러가 처음으로 만들었어요. 하지만 당시에는 살충제로 쓰일 수 있다는 것을 전혀 알지 못한 채 완전히 잊혀졌지요.

그러다가 60여 년이 지난 뒤 스위스의 화학자 파울 뮐러★에 의해 DDT가 빛을 보게 되었어요. 뮐러는 스위스의 염료 회사인 가이기에 들어가, 모직물의 해충인 좀벌레★를 없앨 농약을 개발하고 있었어요. 그때 그는 자이들러가 만든 살충제가 살충 효과가 뛰어나다는 것을 확인하고 이를 보완하여 1939년 DDT를 만들었답니다.

DDT는 1940년 스위스 특허, 1942년 영국 특허, 1943년 미국 특허를 얻어 상품화했는데, 그 효과는 대단했어요. 제2차 세계대전 때인 1943년 이탈리아의 나폴리에 DDT를 뿌려, 이가 옮기는 발진티푸스의 유행을 막았어요. DDT가 없었다면 발진티푸스 환자가 폭발적으로 늘어 25만 명 이상이 목숨을 잃었을 거라고 보고 있어요.

DDT는 모기가 옮기는 말라리아의 확산을 방지하는 데도 큰

파울 뮐러 (1899~1965)

스위스의 화학자. 1939년 살충제인 DDT의 합성에 성공하여 1948년에 노벨생리·의학상을 수상하였다.

좀벌레
좀과의 곤충으로 350여 종이 존재한다. 몸길이는 8~11mm 정도이며 길고 납작하다. 날개는 없으며, 몸에는 비늘이 덮여 있다.

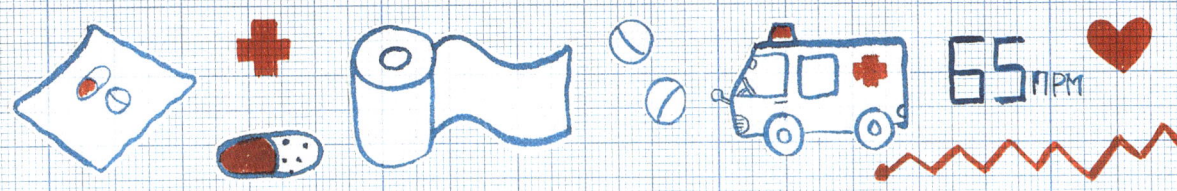

위력을 발휘했어요. DDT의 사용으로 유럽에서는 말라리아가 거의 사라졌어요. 1940년대에 DDT 덕분에 5천만 명 이상이 말라리아로부터 목숨을 구한 것으로 추정되고 있어요. 그래서 1955년 세계 보건 기구는 말라리아를 없애기 위해 전 세계에 DDT 사용을 적극 권장하기도 했어요. 이런 업적으로 뮐러는 1948년 노벨 생리·의학상을 받았답니다.

DDT는 발진티푸스·말라리아 등의 전염병을 예방하는 데 큰 공을 세웠지만, 얼마 지나지 않아 유해성 논란에 휩싸였어요. 해로운 곤충뿐 아니라 이로운 곤충과 새·물고기 등을 죽이며, 사람이 먹는 농작물을 오염시켜 인체에 심각한 부작용을 일으킨다는 거예요. 게다가 DDT에 대해 저항력을 가진 모기들이 늘어나고 있지요.

결국 많은 나라들이 DDT의 유해성을 인정하여 1972년부터는 DDT의 사용을 전면 금지했어요. 우리나라에서도 현재 DDT의 제조·판매·사용을 금지하고 있답니다.

장티푸스 때문에 평생 갇혀 살았던 여인, '장티푸스 메리'

1906년 미국 뉴욕에서는 장티푸스가 유행했어요. 3,467명이 감염되었으며 639명이 목숨을 잃었지요.

뉴욕의 공중 보건국은 비상이 걸렸어요. 뉴욕 시는 전염병의 확산을 막기 위해 공중위생★ 전문가를 고용했는데, 그가 바로 조지 소퍼 박사였어요. 소퍼는 오염된 도랑을 치우고 고여 있는 웅

공중위생
사회 일반의 공동 질병을 예방하고 건강을 유지·증진하기 위한 위생.

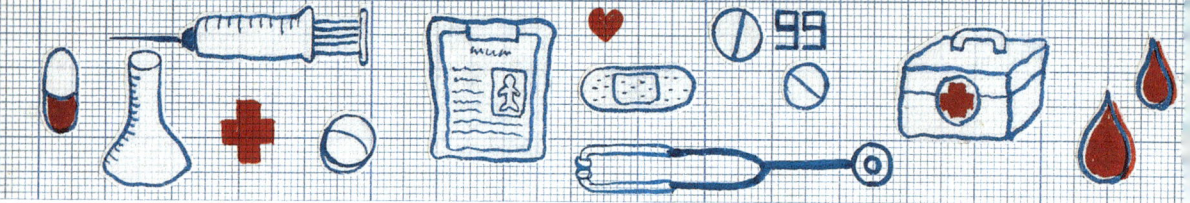

덩이를 메꾸는 등 도시를 청결하게 함으로써 한 달 만에 장티푸스의 유행을 막을 수 있었어요.

소퍼는 누가 장티푸스를 옮기는지 감염원을 찾는 일에도 나섰어요. 그리하여 장티푸스를 앓았던 은행가 찰스 워렌의 집에서 일했던 여자 요리사 메리 말론을 찾아냈어요. 그녀가 일하는 동안 찰스 워렌의 가족 세 사람과 하인 세 사람이 장티푸스에 감염되었다가 다행히 나았어요.

메리 말론(1869~1938)
아일랜드계 미국인으로 장티푸스의 무증상 보균자인 최초의 미국 사례로 알려져 있다. 결국 그녀는 강제로 보건당국에 의해 격리되었다.

메리 말론★은 아일랜드에서 미국으로 이민 온 마흔 살 된 독신 여인이었어요. 키가 크고 뚱뚱했으며 매우 무뚝뚝했어요. 부잣집들을 옮겨 다니며 요리사로 일하고 있었지요.

소퍼가 메리 말론을 찾아냈을 때 그녀는 뉴욕의 파크 애비뉴의 어느 부잣집에서 일하고 있었어요. 그때 메리가 병을 옮겨 부잣집 가족들이 장티푸스를 심하게 앓고 있었어요. 그중에서 딸 하나가 결국 숨을 거두었지요.

메리는 건강했지만 장티푸스균을 몸에 지닌 보균자였어요. 그녀는 1900년부터 1906년까지 여덟 군데 집을 옮겨 다니며 53명에게 장티푸스를 전염시켰고, 그 가운데 3명이 목숨을 잃었어요.

결국 메리는 공중 보건국에 의해 노스브라더 섬의 병원에 연금되었는데, 언론에 보도되어 '장티푸스 메리'라는 별명을 얻었어요. 뉴욕의 신문들은 메리를 '미국에서 가장 위험한 여성'이라며 대서특필했어요. 연재만화에서는 메리를 핫도그만 한 장티푸스균을 스토브 위에서 굽는 마녀로 그려 놓기도 했어요.

1910년 메리는 절대 요리사로 일하지 않고, 한 달에 세 번 공중 보건국에 연락

65 BPM

NEWYORK TIMES
미국에서 가장 위험한 여성

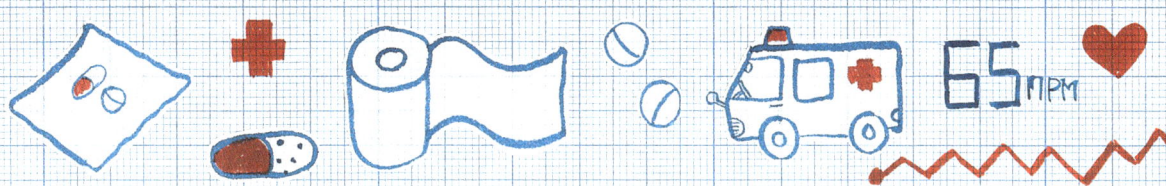

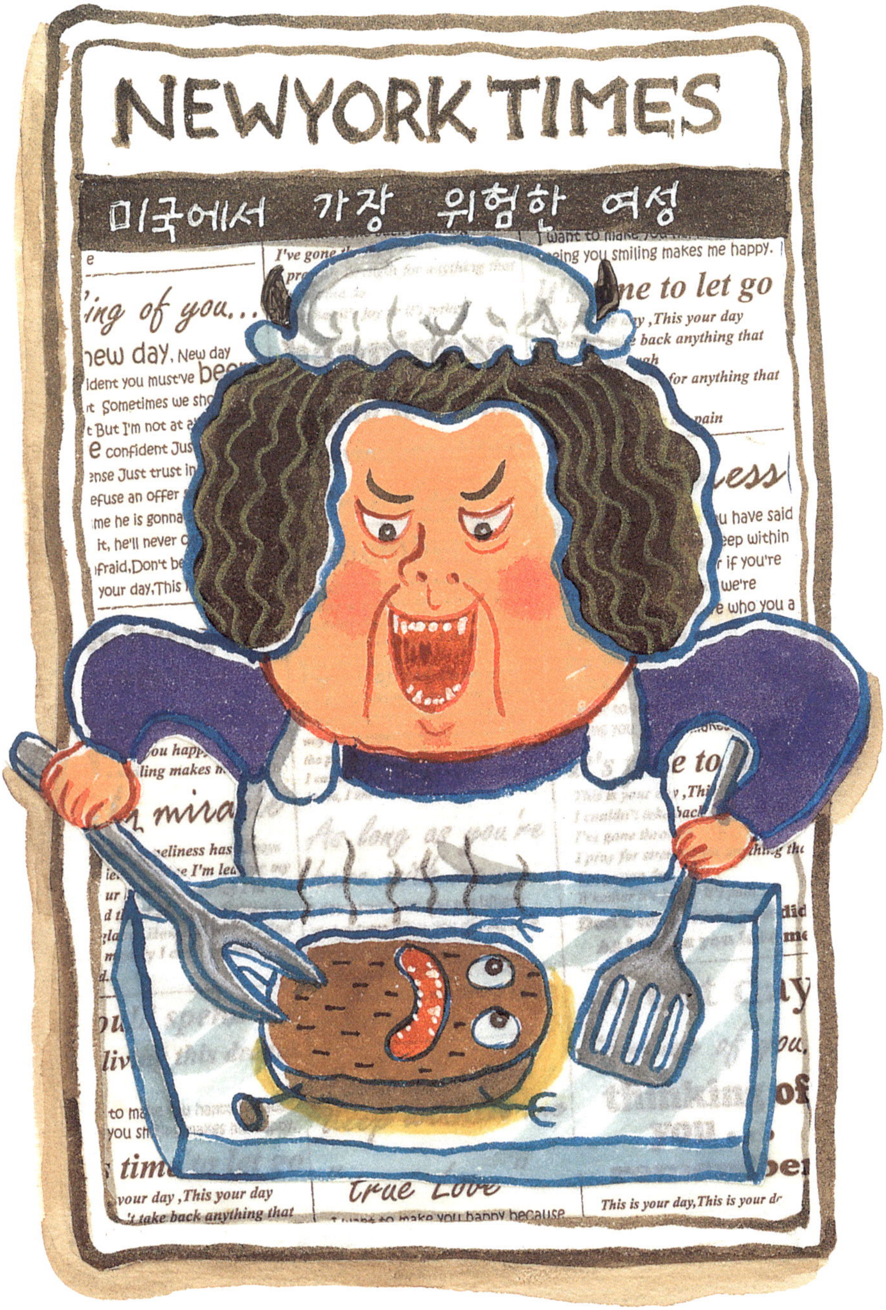

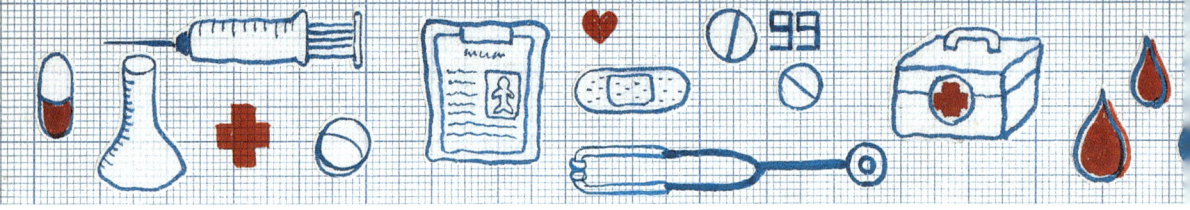

하겠다는 조건으로 병원에서 석방되었어요. 하지만 그녀는 곧 종적을 감춰 버렸지요.

메리가 공중 보건국에 다시 붙잡힌 것은 1915년이었어요. '브라운 부인'이라는 가명을 쓰며 5년 동안 요리사로 일했다고 해요. 그 사이 여러 명이 장티푸스에 감염되었지요.

공중 보건국은 더 이상의 전염을 막기 위해 메리를 다시 노스브라더 섬의 병원으로 보냈어요. 메리는 이 병원에서 1938년 11월 숨을 거둘 때까지 23년 동안 갇혀 살았어요.

장티푸스는 장티푸스균에 의해 생기는 급성 전염병이에요. 이 세균은 주로 오염된 물이나 음식을 통해 사람들에게 전염되지요. 옛날에 발진티푸스와 정확히 구분하지 못하여 발진티푸스와 비슷한 병이라고 해서 그런 이름이 붙었어요.

이 병에 걸리면 1~3주의 잠복기를 거쳐 고열·두통·식욕 감퇴·느린 맥박·마른기침 등의 증상이 나타나요. 제때 치료를 받으면 대부분 낫지만, 치료하지 않으면 환자 네 명 가운데 한 명이 목숨을 잃어요.

장티푸스는 해마다 1600만 명의 환자가 발생하여 60만 명 이상이 목숨을 잃는 무서운 전염병이에요. 주로 아프리카·동남아시아·중남미·인도 등 개발도상국에서 발생하고 있어요.

장티푸스 환자 가운데 5퍼센트는 장기적 보균자로 남아 있어요. 이들은 병균을 배출하기는 하지만, 병에 걸렸음을 알 수 있는 증상이 나타나지 않아요. 이들을 '건강 보균자'라고 하는데, '장티푸스 메리'가 건강 보균자라 할 수 있어요.

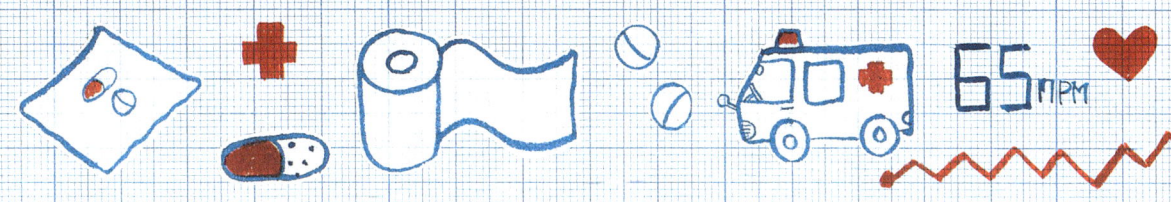

이것은 꼭 알아 두어요.

발진티푸스를 옮기는 미생물로 이의 똥에 있는 것은?
리케차.

발진티푸스를 막을 수 있는 살충제로 1873년 오스트리아의 대학원생 자이들러에 의해 발명되었다가 스위스의 화학자 파울 뮐러에 의해 빛을 보게 된 것은?
DDT.

DDT의 부작용은 무엇인가요?

이로운 곤충과 새·물고기 등을 죽이며, 사람이 먹는 농작물을 오염시켜 인체에 심각한 부작용을 일으켜요. 그리고 DDT에 대해 저항력을 가진 모기들이 늘어나고 있어요.

제 7 장
펌프 손잡이를 떼어 내자 콜레라 유행이 끝나다

"이번에는 콜레라에 대해 알아볼까? 콜레라가 무슨 병인지 아는 사람?"

홍길동 박사가 묻자 창희가 얼른 대답했습니다.

"콜라와 이름이 비슷하니까 혹시 콜라를 잘못 마셔 걸리는 병 아닌가요?"

아이들이 웃음을 터뜨렸습니다.

"하하, 콜라에서 콜레라가 나왔다고? 그럴듯한 해석이네."

홍길동 박사의 얼굴에 웃음이 번졌습니다.

"콜레라는 수인성 전염병이란다. 수인성 전염병은 물이 세균·바이러스 등의 미생물에 오염되어 일어나는 병이야. 만일 오염된 콜라를 마셨다면 콜레라에 걸릴 수 있지. 그러니까 정답은 아니어도 비슷하게 접근은 했어."

창희는 어깨를 으쓱했습니다.

"박사님, 좋게 봐 주셔서 감사합니다. 제가 10년 뒤에 전염병 연구소에 들어가면 박사님을 위해 콜라 심부름은 확실히 할게요."

"허허, 고맙다. 그건 그렇고, 콜레라는 한마디로 말하면 콜레라균이 일으키는 병이란다. 콜레라균은 오염된 물이나 음식물, 굴이나 조개 등의 어패류를 먹어 감염되지. 오염된 손으로 음식을 만들어도 감염될 수 있고 잠복기는 12~28시간이야. 이 병에 걸리면 근육 경련이 심해지고 심한 설사와 구토를 한단다. 그리하여 몸에서 수분이 빠져 나가는 탈수 현상이 빠르게 진행되지. 탈수가 심해지면 혼수상태에 빠져들고, 쇼크를 일으켜 죽을 수도 있어. 제때 치료를 받으면 거의 낫지만, 치료하지 않으면 절반 이상이 죽는 무서운 병이란다."

"콜레라는 언제부터 유행했나요?"

세라가 질문을 던졌습니다.

"콜레라는 19세기 전까지는 인도에서 유행하던 질병이었어. 갠지스 강 하류의 벵골에서 방글라데시에 걸쳐 유행하던 인도의 풍토병이었지. 그런데 19세기가 되자 콜레라가 맹렬히 퍼져 나가기 시작했어. 영국이 인도를 침략하면서 교역로가 새로 만들어져 상인과 군대의 이동이 활발하게 이루어졌기 때문이지. 1817년 인도 벵골에서 시작된 콜레라는 다음 해 네팔, 그 다음 해 태국, 그리고 1820년 중국을 거쳐 1821년 우리나라,

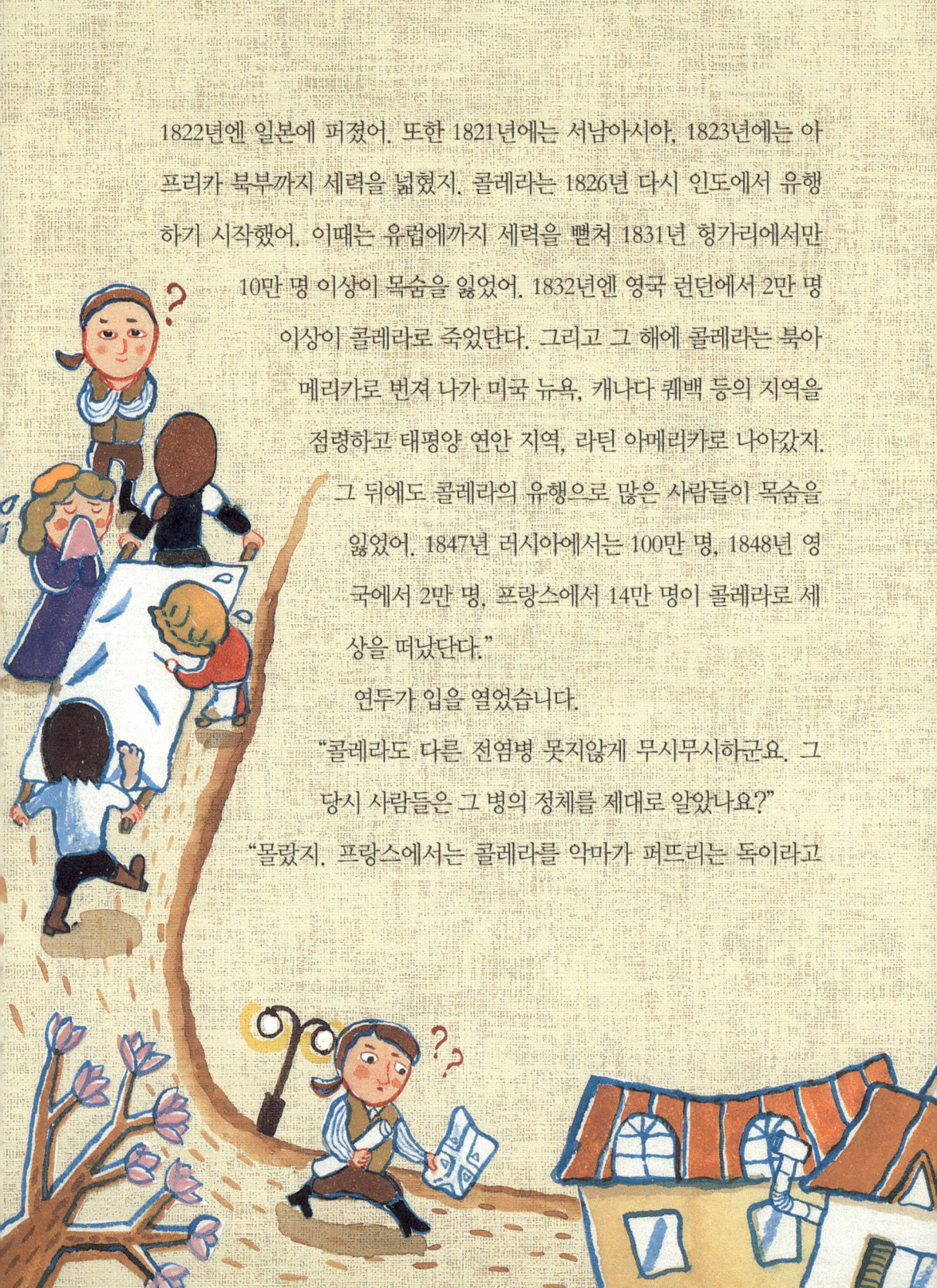

1822년엔 일본에 퍼졌어. 또한 1821년에는 서남아시아, 1823년에는 아프리카 북부까지 세력을 넓혔지. 콜레라는 1826년 다시 인도에서 유행하기 시작했어. 이때는 유럽에까지 세력을 뻗쳐 1831년 헝가리에서만 10만 명 이상이 목숨을 잃었어. 1832년엔 영국 런던에서 2만 명 이상이 콜레라로 죽었단다. 그리고 그 해에 콜레라는 북아메리카로 번져 나가 미국 뉴욕, 캐나다 퀘백 등의 지역을 점령하고 태평양 연안 지역, 라틴 아메리카로 나아갔지. 그 뒤에도 콜레라의 유행으로 많은 사람들이 목숨을 잃었어. 1847년 러시아에서는 100만 명, 1848년 영국에서 2만 명, 프랑스에서 14만 명이 콜레라로 세상을 떠났단다."

연두가 입을 열었습니다.

"콜레라도 다른 전염병 못지않게 무시무시하군요. 그 당시 사람들은 그 병의 정체를 제대로 알았나요?"

"몰랐지. 프랑스에서는 콜레라를 악마가 퍼뜨리는 독이라고

믿었단다. 그래서 콜레라가 유행하면 공포에 사로잡혀 낯선 사람을 보면 악마로 생각해 죽이기까지 했어. 그리고 미국이나 캐나다 사람들은 콜레라를 신이 인간에게 내린 벌이라고 여겼어. 따라서 콜레라에 걸리면 신에게 용서를 빌며 병을 낫게 해 달라고 열심히 기도했지. 19세기까지도 사람들은 인간이 병에 걸리는 것은 나쁜 공기 때문이라고 생각했어. 이 나쁜 공기를 '미아즈마'라고 하는데, 미아즈마가 전염병을 퍼뜨린다는 거야. 그래서 미아즈마를 피하면 전염병을 예방할 수 있다고 믿었어. 그러나 영국의

존 스노(1813~1858)

영국의 의사. 『콜레라의 전파 방식에 대해서』란 책을 저술하여 콜레라의 전염 경로에 대한 거의 완전한 설명을 했다. 그의 사상은 현대 역학의 원리가 되고 있다.

의사 존 스노★는 런던에서 콜레라가 유행했을 때 콜레라는 미아즈마에 의해 생기는 것이 아니라 오염된 물에 의해 생긴다는 것을 알아냈지. 오염된 물을 마심으로써 감염된다는 것을 말이야."

세라가 눈을 반짝이며 물었습니다.

"박사님, 스노는 콜레라의 원인을 어떻게 밝혀냈어요?"

"궁금하지? 잘 들어 보렴. 1854년 런던에서 콜레라가 유행하기 시작하여 이듬해까지 수백 명이 목숨을 잃었을 때의 일이야. 스노는 콜레라 환자가 발생한 지역을 직접 찾아갔어. 그곳은 자신이 근무하는 병원에서 멀지 않은 런던 소호 지역이었어. 그는 죽은 콜레라 환자가 살던 집을 일일이 찾아다니며 그 집을 지도에 표시했어. 그러자 콜레라 감염 경로를 한눈에 볼 수 있는 지도가 완성되었지. 스노는 환자들의 집을 방문해 그 가족을 인터뷰했는데, 놀라운 사실을 알아냈어. 브로드 가에 있는 펌프에 가까운 집에 살다가 콜레라로 죽은 73명 가운데 61명이 이 펌프의 물을 식수로 사용했다는 거야. 결국 한 펌프에서 물을 길어다 먹은 사람들이 콜레라에 걸려 죽었던 거지. 펌프 근처에는 이 펌프를 오염시키는 더러운 하수가 있었어. 스노는 펌프에서 손잡이를 떼어 내어 사람들이 물을 길어다 먹지 못하게 했어. 그러자 그 지역에서는 더 이상 콜레라 환자가 발생하지 않았단다. 스노는 오염된 펌프의 물 때문에 콜레라가 발생했다는 것을 밝혀낸 거지."

연두가 감탄을 했습니다.

"스노가 위대한 발견을 했네요. 콜레라가 나쁜 공기에 의해 생기는 것이 아니라 오염된 물에 의해 생긴다는 것을 알아냈으니 말이에요."

"하하, 그렇지. 그 뒤 코흐★가 콜레라가 유행한 이집트에 가서 콜레라균을 발견함으로써 콜레라의 원인이 밝혀졌어. 그런데 당시에는 많은 학자들이 이런 사실을 믿으려 하지 않았어. 독일 뮌헨 대학 위생학 교수인 막스 페텐코퍼★도 미아즈마만 인정할 뿐, 코흐의 연구 결과를 부인했단다. 그는 자기 이론이 옳고 코흐의 연구 결과가 잘못되었다는 사실을 증명하기로 했어. 그래서 코흐에게 연락하여 콜레라균 용액이 담긴 유리병을 소포로 받았단다. 그러고는 콜레라균 용액을 음료수처럼 직접 들이마신 거야."

"예? 그게 정말이에요?"

아이들은 너무 놀라 벌린 입을 다물지 못했습니다.

"헐!"

"대박!"

코흐 (1843~1910)

독일의 세균학자. 세균학의 근본 원칙을 확립하였고, 각종 전염병에는 각기 특정한 병원균이 있음은 물론 각종 병원균은 제각기 서로 식별할 수 있다고 주장하였다. 1882년에는 결핵균을, 1885년에는 콜레라균을 발견했고 결핵의 치료약 연구에 몰두하여 1890년에 투베르쿨린을 창제하였다.

페텐코퍼 (1818~1901)

독일의 위생학자. 위생에 관한 실험 방법을 확립하였다.

"박사님, 콜레라균을 마시고 페텐코퍼는 어떻게 되었어요? 콜레라에 걸려 죽었겠죠?"

아이들의 질문에 홍길동 박사는 고개를 저었습니다.

"아니야, 죽지 않았어. 콜레라에 걸리지 않았거든. 이것을 어떻게 설명해야 할까? 흥분한 상태에서 콜레라균을 마셔 위산 분비가 많아져, 콜레라균이 모두 죽어 버린 것이 아닐까? 그런데 그 뒤 페텐코퍼는 코흐의 연구 결과를 인정하지 않을 수 없게 되었어. 그의 제자가 콜레라균 용액을 마셔 콜레라에 덜컥 감염되었거든."

"그랬군요. 재미있는 이야기 잘 들었어요. 박사님, 궁금한 것이 있어요. 우리나라에는 콜레라가 1821년 중국을 거쳐 들어왔다고 했는데, 우리나라에서도 크게 유행했나요? 그에 대한 이야기 좀 들려주세요."

"알았다. 우리나라에서의 콜레라와 민간요법에 대한 이야기를 해 주지.

19세기에 콜레라는 가장 무서운 전염병이었어. 콜레라에 걸리면 극심한 고통을 겪다가 뼈만 남은 채 죽어갔지. 호랑이가 살점을 찢어내는 것 같은 고통을 준다고 해서 콜레라를 '호열자(虎列剌)'라고 했어. 이 병에 대해 《대한매일신보》★ 1909년 9월 24일자에는 다음과 같은 기사가 실렸지.

대한매일신보
1904년에 창간되었던 일간 신문. 1904년 7월 18일 서울 박동에서 영국인 배델을 발행인 겸 편집인으로 창간되었다. 발행인이 영국인이었기 때문에 일본의 언론 탄압을 피할 수 있었다.

"호열자는 본래 한국에서 '쥣통'이라 칭하던 괴질이니, 이 병에 걸리면 완연히 쥐 같은 물건이 사지로 올라오고 내려가는 것 같으며, 운신도 임의로 못하고 뼈만 남아 죽는다. 이 병이 한 집에 들어가면 한 집의 사람이 거의 다 죽고, 이 고을에서 저 고을로 칡덩굴같이 뻗어가며 불과 같이 퍼져 간다."

콜레라는 특히 구한말에 한반도를 공포로 몰아넣었어. 수시로 콜레라가 유행해 많은 사람들의 목숨을 앗아갔어. 1886년만 해도 서울에서만 1만여 명이 콜레라로 죽어갔으며, 1895년에도 콜레라가 크게 유행해 사람들이 떼죽음을 당했어.

당시에 쥐가 콜레라를 전염시킨다는 사실이 알려지자, 사람들은 쥐 귀신이 사람 몸속에 들어와 콜레라를 일으킨다고 생각했어. 콜레라에 걸리면 초기 증세로 팔과 다리 등에 경련이 일어나는데, 이것은 쥐 귀신이 환자의 심장을 갉아먹으려고 환자의 발속으로 파고들어 다리부터 몸을 따라 올라가면서 생기는 것이라 여겼지. 따라서 병이 나으려면 몸속에 있는 쥐 귀신을 쫓아내야 한다고 해서 대문에 고양이 그림을 붙여 놓았지. 고양이 그림을 보고 무서워 쥐 귀신이 달아나라고 말이야. 때로는 고양이 그림 대신 고양이 가죽을 대문에 걸어 놓기도 했어. 또한 콜레라 귀신인 쥐 귀신을 쫓기 위해 고양이 가죽으로 환자의 몸을 문지르는가 하면, 바가지를 긁어 고양이 소리를 내기도 했단다.

이런 원시적인 민간 요법은 학질 환자에게도 사용되었어. 몸에 붙은 학질 귀신은 놀라게 해야 떨어진다고 믿었거든. 그래서 학질 환자를 절벽 위에 앉혀 놓고 학질 귀신 떨어지라고 갑자기 뒤에서 등을 쳐 놀라게 했지. 1925년 7월 8일에는 왜관에서 학질 환자를 기차가 지나가는 철교 밑에 새끼줄로 매달아 놓은 사건도 있었어. 기차가 달려오는 것을 보고 놀라면 학질 귀신이 떨어질 거라고 생각했던 거지.

서울 한강변의 한 마을이 우리나라에서 콜레라로부터 가장 안전한 마을이라고 해서 1901년 《코리아 리뷰》★에 소개된 적이 있었어. 마을 사람들은 마을 뒤에 고양이 등처럼 생긴 언덕이 있어서 콜레라 환자가 나오지 않았다고 생각했대. 콜레라 귀신인 쥐 귀신이 이 언덕을 커다란 고양이로 알고 감히 얼씬도 못했다는 것이지. 그래서 이 마을에는 콜레라 환자가 나오지 않았다는 거야."

코리아 리뷰
1901년 1월부터 1906년 12월까지 선교사 헐버트가 발간한 한국 관련 영문 월간 잡지. 한국의 역사·문화·정치·풍습·법률·예술·과학·종교·언어·문학 등 다양한 분야의 글을 실어 국내외 외국인들에게 한국을 소개하는 데 크게 공헌하였다.

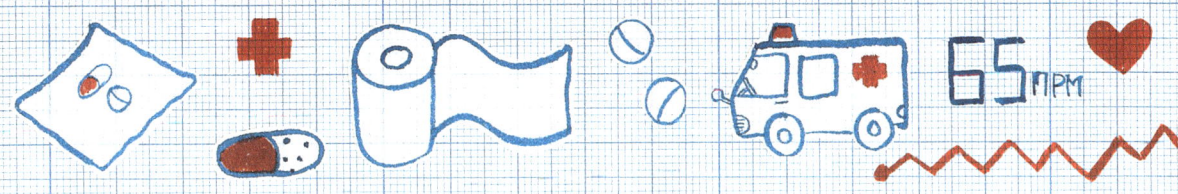

전염병이 돌면 우리나라 사람들은 보따리를 싸고 도망치기에 바빴다?

우리나라에서는 옛날부터 전염병을 역병·역질·염병 등으로 불렀어요. 전염병은 서쪽 중국에서 건너와, 서북 지방에서 시작해 남쪽으로 번졌지요. 그래서 전염병을 중국(당나라)에서 왔다고 '당학'이라고도 불렀어요. 실제로 콜레라는 1820년 중국에서 크게 유행한 뒤 이듬해 우리나라에 들어와 한반도를 휩쓸었어요.

전염병이 한번 돌면 수많은 사람들이 큰 고통을 겪었어요. 멀쩡하던 사람이 손쓸 틈도 없이 병세가 악화되어 죽어가고, 빠른 속도로 번져 갔거든요. 전염병이 크게 유행했던 17세기 중반에서 19세기 중반 사이에는 79차례나 전염병이 크게 돌았는데, 어떤 해에는 50만 명이 넘는 사람이 전염병으로 목숨을 잃었지요.

전염병이 돌면 사람들은 보따리를 싸고 도망치기에 바빴어요. 전염병이 한창 유행할 때는 성 안이 텅텅 비게 되는 것이 예사였지요.

당시에 사람들은 역신 때문에 무시무시한 역병이 생긴다고 믿었어요. 따라서 전염병이 많이 돌 때는 '여제'를 드려 역신에게 제사를 지내기도 했어요.

정부에서는 전염병이 돌 때 『벽온방』*이라는 책을 펴냈어요. 이 책에는 전염병에 대한 예방법으로 부적을 대문에 붉은 글씨로 써 붙이면 역신을 물리칠 수 있다, 큰 솥에 물을 끓여 마당에 놓고 향을 태우면 역신이 대문을 통해 집 안으로 들어오지 못한다, 등이 적혀 있답니다.

> **벽온방**
> 작자·연대 미상의 온역 치료에 관한 의학책. 세종 때에 간행된 것으로 생각된다. 1518년(중종 13)에 김안국이 한글로 풀이한 『언해벽온방』이 편찬되었다. 온역이란 급성 유행성 전염병을 가리키는 것으로 생각된다.

결핵은 예술가가 걸리는 낭만적인 병?

결핵은 결핵균의 감염에 의해 생기는 만성 전염병이에요. 결핵균의 침투에 따라 여러 장기에서 결핵이 생기는데, 폐결핵·신장결핵·장결핵·뇌결핵·후두결핵·비뇨생식기결핵·결핵성관절염·결핵성기관지염 등이 있어요. 이 가운데 가장 흔한 것은 폐에 생기는 폐결핵이에요. 폐결핵에 걸리면 열이 나고 기침을 자주 하며 가슴이 아파요. 몸무게가 줄어들고 입맛이 없어지며, 피곤하고 무기력해져요. 초기 증상은 감기와 비슷하지요. 증세가 심해지면 가래에 피가 섞여 나오고, 진행되면 기침할 때 피를 토하기도 해요.

그러나 폐결핵에 걸려도 증상이 바로 나타나지 않기에 환자 자신이 병에 걸렸음을 모르는 경우가 대부분이에요. 따라서 흉부 엑스 레이 촬영이나 결핵 반응 검사로 병이 발견된답니다.

결핵은 환자가 기침을 하거나 콧물을 흘릴 때 나온 결핵균을 들이마심으로써 감염되어요. 또는 오염된 음식을 먹거나 우형결핵균에 감염된 소의 우유를 마셔도 발병할 수 있어요.

결핵에 걸리면 몸이 야위고 얼굴이 창백해지며 두 뺨이 붉게 달아올라요. 그래서 19세기 낭만주의 시대에는 이런 모습이 아름답게 비춰 어느 유명한 의사는 "결핵은 아름답고 젊은 사람을 희생자로 삼기를 좋아한다."고 기록하기도 했어요. 게다가 그 당시에는 시인 키츠·브라우닝, 작가 도스토예프스키·안톤 체홉·발자크, 음악가 쇼팽 등 결핵을 앓다 죽은 예술가들이 많았어요. 그래서 결핵을 천재성의 상징으로 여기며 예술가가 걸리는 낭만적인 병이라 부르기도 했답니다.

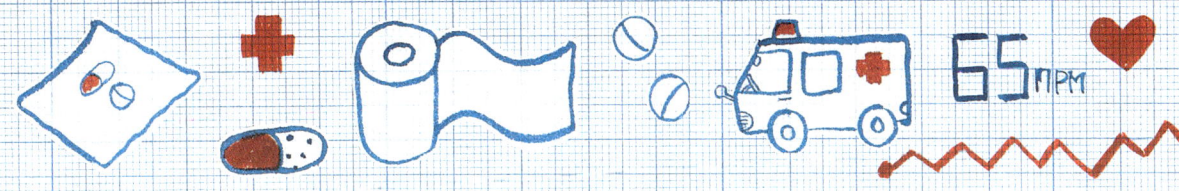

　그러나 결핵은 예술가가 걸리는 낭만적인 병이 아니라 누구나 걸릴 수 있는 병이에요. 특히 유럽에서 산업 혁명이 이루어진 19세기에는 결핵이 사망률 1위의 질병이 되었어요. 산업화·도시화로 인구가 밀집되고 위생 상태가 나빠져 많은 노동자들이 결핵에 쉽게 걸렸기 때문이에요. 최근 200년 동안 결핵으로 목숨을 잃은 사람은 10억 명에 이르러요.

143

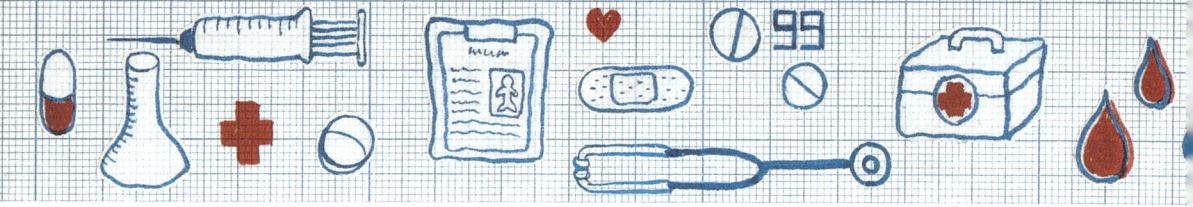

결핵은 매우 오래된 질병이에요. 기원전 4000년경 고대 이집트의 미라에서 결핵을 앓은 흔적을 찾아냈고, 기원전 1000년경 중국 수나라 때 결핵이 있었다는 기록이 발견되었어요. 우리나라에서는 삼국 시대부터 이 병이 있었다고 해요.

결핵이 전염병이라는 것을 밝혀낸 사람은 프랑스 의사 장 앙투완 빌루밍이에요. 1865년 그는 결핵 환자의 몸에서 결핵균을 얻어 토끼에게 접종했어요. 그러자 토끼가 결핵에 걸렸어요. 이런 실험으로 결핵이 사람에게서 토끼로 옮겨갈 수 있는 전염병이라는 것을 증명했어요. 그 뒤 독일의 코흐가 1882년 결핵균을 발견하여 결핵이 결핵균의 감염에 의해 생기는 병임을 밝혀냈어요.

셀먼 왁스먼 (1888~1973)

토양미생물학의 최고 권위자이다. 페니실린의 발견 이후 계획적이고 체계적으로 미생물에서 항생 물질을 찾는 데 주된 역할을 했다. 1952년 '스트렙토마이신의 발견'으로 노벨생리·의학상을 받았다.

1943년 미국의 셀먼 왁스먼*이 결핵 치료제인 스트렙토마이신을 개발했어요. 이어서 BCG 결핵 예방 접종이 이루어지는 등 여러 가지 치료법과 예방법이 나왔어요. 덕분에 결핵 환자가 크게 줄고 결핵 사망률이 떨어졌어요.

하지만 오늘날에도 환경이 비위생적이고 국민들의 영양 상태가 나쁜 개발도상국에서는 해마다 수백만 명이 결핵으로 목숨을 잃어요. 우리나라에서도 결핵 발생률이 OECD 국가 가운데 1위에 올라, 해마다 수천 명이 결핵으로 목숨을 잃는답니다.

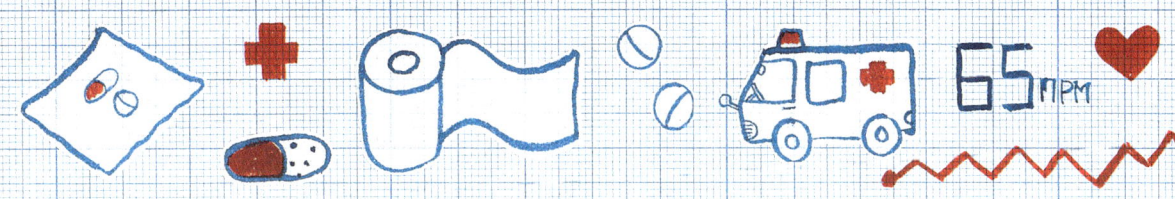

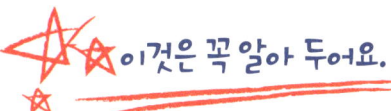

콜레라균은 어떻게 감염되나요?
오염된 물이나 음식물, 굴이나 조개 등의 어패류를 먹어 감염돼요. 오염된 손으로 음식을 만들어도 감염될 수 있어요.

폐결핵은 증상이 바로 나타나지 않아 환자 자신이 병에 걸렸음을 모르는 경우가 대부분이에요. 폐결핵을 조기 발견하려면 어떻게 해야 할까요?
흉부 엑스 레이 촬영이나 결핵 반응 검사를 해요.

1943년 미국의 셀먼 왁스먼이 개발한 결핵 치료제는?
스트렙토마이신.

제 8 장
황열병이 흑인 노예들의 아이티 독립을 도왔다?

오늘은 '어린이 전염병 교실' 셋째 날입니다. 사흘 동안 열리니 오늘이 마지막 날입니다. 이틀을 순식간에 보내고 마지막 날을 맞이하니 창희와 세라는 아쉬움이 컸습니다.

"세라야, 오늘이 '어린이 전염병 교실'이 열리는 마지막 날이지? 그동안 재미있었는데 모든 수업이 끝나니 너무 아쉽다."

"나도 그래. 한 달 내내 강의를 들을 수 있다면 얼마나 좋을까?"

"그래도 오늘 강의가 남아 있으니 어서 가서 강의를 듣자."

"그래, 오빠. 박사님이 오늘도 재미있는 이야기를 들려주시겠지?"

창희와 세라는 설레는 마음으로 어제보다 더 일찍 도서관으로 갔습니다. 강의가 시작되려면 한 시간이나 남았는데, 아이들이 일찍 와서 교실에 앉아 있었습니다. 아이들도 창희, 세라와 같은 마음이었던 모양입니다.

강의가 시작되자 홍길동 박사가 아이들을 둘러보며 말했습니다.

"오늘이 여러분과 헤어지는 날이지? 이틀 동안 정이 들었는데, 오늘이 마지막 날이라니 아쉽고 서운하구나. 그래도 언젠가 다시 만날 날이 오겠지. 사흘 동안 한 사람도 빠짐없이 출석해 줘서 고맙다. 오늘 강의는 황열병 이야기로 시작하마. 황열병은 모기가 옮기는 전염병으로, 지난 몇백 년 동안 열대 지방 사람들을 몹시 괴롭혔지. 참! 너희들, 모기에 대해서 알고 있니? 내가 퀴즈를 낼 테니 한번 맞혀 볼래?"

"예, 박사님!"

아이들이 큰 소리로 대답하자 홍길동 박사가 카랑카랑한 목소리로 퀴즈를 냈습니다.

"모기가 사람을 물지? 사람을 물어 피를 빨아먹는 모기는 암컷일까, 수컷일까?"

아이들은 두 편으로 나뉘었습니다. 암컷이라고 답하는 아이도 있고, 수컷이라고 답하는 아이도 있었습니다. 그러나 아이들은 왜 암컷이고 수컷인지에 대해서는 설명하지 못했습니다.

"정답은 암컷이다. 왜 암컷 모기가 사람의 피를 빨아먹을까? 그 이유는 알을 낳으면 단백질이 많이 필요해서야. 수컷 모기는 이슬과 꿀을 빨아먹고 산단다. 모기는 파리·벼룩과 함께 사람에게 가장 해로운 곤충으로 꼽히고 있어. 모기가 말라리아·황열병·일본뇌염·사상충증·뎅기열·웨스트나일 바이러스 등 사람의 목숨을 빼앗는 여러 병을 옮기거든. 특히 말라리아는 첫째 시간에 이야기했듯이 해마다 2~3억 명이 감염되어 100~300만 명이 목숨을 잃고 있지. 그래서 이 모기를 없애려고 사람들은 엄청난 노력을 해 왔단다. DDT 등 수많은 살충제를 개발하는가 하면, 모기의 천적인 미꾸라지를 풀어 모기의 애벌레인 장구벌레를 잡아먹게 하기도 했어. 또한 모기의 서식지인 웅덩이·장독·화분 물받이·하수구·빈 깡통 등 물이 고여 있는 곳을 없애기도 했지. 그러나 모기는 대단한 생존력과 번식력을 갖고 있어서 웅덩이를 모두 메우면 도시의 물탱크나 버려진 타이어에 알을 낳아 번식할 정도야. 따라서 오늘날에도 세계 곳곳에서 사람들은 모기와의 전쟁을 치르고 있단다."

연두가 흥분하여 소리쳤습니다.

"하느님은 왜 사람을 해치는 모기를 만드셨죠? 모기가 없었다면 말라리아·황열병 같은 무시무시한 전염병이 없었을 텐데요. 이야기를 듣다 보니 하느님이 원망스러워요."

그러자 홍길동 박사가 달래듯이 말했습니다.

"너무 흥분하지 마라. 건강에 좋지 않으니……. 사람에게 해로운 곤충인 모기를 하느님이 왜 만드셨을까? 우리나라에서 전해지는 옛이야기 중에는 하느님이 왜 파리와 모기를 만드셨는지 알려 주는 이야기가 있단다.

말이 나온 김에 그 이야기를 들려줄게."

아주 오랜 옛날에 이 세상 사람들은 모두 게으름뱅이였어. 땀 흘려 일할 줄을 모르고, 낮에는 아무 데나 누워 낮잠이나 자고 밤에도 숟가락 놓기 무섭게 잠자리에 들었다는 거야.

하느님은 하늘나라에서 이런 사람들을 딱하다는 듯 내려다보았어.

'큰일이구나. 사람들이 일은 하지 않고 밤낮없이 잠만 자니……. 저러다가 얼마 못 가 인간 세상이 망하겠는 걸. 사람들을 내버려 두면 안 되겠어. 부지런히 일하게 해서 잘 살게 해 주어야지.'

하느님은 이런 생각을 하고 파리를 만들어 세상에 내보냈단다. 파리들은 사람들이 있는 곳이면 어디든 날아갔어. 그래서 사람들이 낮잠을 자고 있으면 얼굴에 들러붙어 귀찮게 했어. 사람들은 파리 때문에 잠에서 깨어났지. 낮잠을 잘 수 없게 되자 사람들은 할 수 없이 일을 했어. 그리하여 살림 형편이 나아졌지. 그 뒤부터 사람들은 일하는 데 재미를 붙여 낮에 열심히 일했다는구나.

그러나 밤에는 사정이 달랐어. 날이 어두워지면 사람들은 낮에 못 잔 잠을 채우려고 저녁을 먹자마자 곯아떨어졌지.

여름에는 오죽 일거리가 많니. 밤을 낮 삼아 일을 해야 하는데 일을 내팽개친 채 숟가락 놓기 바쁘게 꿈나라로 가니 사람들은 다시 살림이 어려워졌지.

하느님은 하늘나라에서 이런 사람들을 딱하다는 듯 내려다보았어.

'바쁜 여름철에 밤늦게까지 부지런히 일해야 하거늘, 날이 저물기 무섭게 쓰러져 자다니……. 사람들을 내버려 두면 안 되겠어. 밤에도 부지런히 일하게 해서 잘 살게 해 주어야지.'

하느님은 이런 생각을 하고 모기를 만들었단다. 모기들은 밤이 되면 잠자리에 든 사람들에게 덤벼들어 살을 물어뜯고 피를 빨아먹었지. 그러자 사람들은 잠을 잘 수가 없어, 일어나 모기들을 쫓고는 못다 한 일을 했다는구나.

"하느님이 사람들을 생각해서 모기를 만드셨다고요? 어처구니가 없어요. 모기가 옮기는 병 때문에 얼마나 많은 사람들이 죽는데요."

"누가 이런 이야기를 지어냈죠? 파리와 모기는 대표적인 해충인데, 이들을 하느님의 심부름꾼으로 그리다니요."

아이들은 터무니없는 이야기라며 흥분하여 떠들어 댔습니다.

홍길동 박사가 말했습니다.

"그냥 전해지는 옛이야기인데 뭘 그래? 게으름뱅이 사람들을 일하게 만들었으니 파리와 모기가 큰일을 한 거지."

홍길동 박사는 파리와 모기 이야기를 나름대로 해석하고 다음 이야기로 넘어갔습니다.

"이제 황열병이 무슨 병인지 알아볼까? 황열병은 모기가 옮기는 황열 바이러스에 의해 생기는 병이란다. 이 병은 모기 중에서도 이집트숲모기*를 통해 옮겨지지. 황열 바이러스에 감염된 모기에 물리면 그 바이러스가 사람 몸속에 들어와 병이 생긴단다. 3~6일의 잠복기가 지나면 갑자기 열이 오르고, 두통·요통·구역질·구토 등이 나타

이집트숲모기

나지. 바이러스가 간세포를 파괴하기에 피부와 눈이 황색으로 변하는 황달 증세를 보인단다. 그래서 이 병을 '누를 황(黃)'자와 '열 열(熱)'자를 합쳐 '황열(黃熱)'이라 부르는 거지. 상태가 악화되면 황달과 심한 출혈을 불러 목숨을 잃게 된단다. 사망률이 토착민은 5퍼센트쯤이지만, 그 밖의 사람들은 50퍼센트 이상이어서 치명적인 질병이라 할 수 있어. 그나마 황열병을 앓고 나면 평생 면역이 되어 다시 병에 걸리지는 않는단다."

조용히 귀를 기울이고 있던 동배가 물었습니다.

"황열병은 주로 어느 지역에서 유행했어요?"

"황열병은 주로 아프리카와 남아메리카의 정글 지역에서 발생했어. 역사 문헌에는 황열병이 1647년 카리브 해 동쪽의 작은 나라인 바베이도스에 처음 발생한 것으로 기록되어 있지. 그 뒤 이 병이 쿠바와 유카탄 반도 쪽으로 퍼져 나가 17세기 후반에 브라질·미국 남동부 지역에 환자

들이 생겼다는 거야. 하지만 황열병이 아프리카에서 처음 발생해 아메리카로 옮겨 왔다는 설도 있어. 아프리카와 카리브 해의 여러 섬 사이를 오가며 흑인 노예를 실어 나르는 노예선의 전속 의사들은, 아프리카에서 이미 오래 전부터 황열병이 유행했음을 기록했다고 해. 자신들이 아프리카 해안에서 황열병이 도는 것을 직접 보았다는 거야. 17세기에 황열병은 '노란 깃발'을 뜻하는 '옐로 잭'이라고 불렸어. 아프리카에서 카리브 해로 오는 노예선에서 황열병 환자가 생기면 항구로 들어올 수 없었다는구나. 그때는 배에 노란 깃발을 꽂아 둔 채 40일 동안 격리되어 검역을 받았지."

창희가 갑자기 홍길동 박사에게 질문을 던졌습니다.

"박사님, 당시에 왜 아프리카에서 아메리카로 노예를 실어 날랐나요?"

"아, 참! 너희들에게 그 이야기부터 해야겠다. 1492년 콜럼버스가 아메리카 대륙을 발견한 이후, 포르투갈은 아메리카 대륙을 자신의 식민지로 개척하기 시작했어. 아메리카 인디언들을 노예로 만들어 라틴 아메리카, 서인도 제도의 은광이나 사탕수수 농장, 담배 농장 등에서 동물처럼 부려먹었지. 그러나 시간이 흐르면서 아메리카 인디언들의 수가 급격하게 줄어들었어. 엄청난 혹사를 당하기 때문에 죽거나 달아나는 사람이 많기 때문이지. 더욱이 라스 카사스★ 같은 선교사는 인디언의 학대에 항의하며 이런 제안을 했단다. '불쌍하

> **라스 카사스**
> '16세기 유럽의 양심'이라는 평가를 받았다. 인디오도 인간이므로 인권을 가지고 있다는 주장을 실천에 옮겼다.

고 나약한 인디언들을 그만 괴롭히고, 아프리카 흑인들을 데려다 쓰십시오. 아프리카 흑인들은 값이 싼데다 몸도 튼튼하여 노예로 삼아 일을 부려먹기 좋습니다.' 노동력이 부족하여 어려움을 겪던 에스파냐 사람들은 그 대안으로 아프리카 흑인 노예들을 사들여 인디언 대신 쓰기 시작했어. 그리하여 에스파냐·포르투갈·영국 등 유럽의 흑인 노예 무역상들은 본격적으로 '노예사냥'에 뛰어들어 16세기부터 19세기까지 총 1500만 명 이상을 아프리카에서 신대륙으로 보냈지."
창희가 고개를 끄덕였습니다.
"아, 그랬군요. 유럽의 흑인 노예 무역상들이 아프리카 사람들을 마구 잡아들여 배에 싣고 신대륙으로 건너갔군요. 노예로 팔아 버리려고요."
"그렇지. 흑인 노예들이 아프리카에서 신대륙까지 어떻게 끌려갔는지 아니? 아프리카 서해안에서는 흑인 노예에 대한 거래가 이루어졌어. 흑인들을 세워 놓고 몸 검사를 하는가 하면, 심한 매질을 하여 건강 상태를 점검하기도 했어. 매를 열 대쯤 맞아도 끄떡없으면 높은 값을 매겼다고 해. 거래가 끝나면 흑인 노예들의 몸에 시뻘겋게 달군 인두로 노예무역 회사의 낙인을 찍었어. 그런 다음 수갑과 족쇄를 채워 짐짝처럼 배 안에 실었지. 100톤짜리 노예선에는 400명을 태웠는데, 1톤당 4명으로 비좁은 상태였어. 5주의 항해 기간 동안 흑인들은 선실에 갇혀 전염병이나 굶주림에 시달려야 했지. 이때 보통 15퍼센트에 이르는 인원이 죽었고 그들은 바다에 던져졌어."

아이들이 얼굴을 찌푸렸습니다.

"너무 끔찍해요. 어떻게 사람을 그렇게 대우할 수 있어요?"

"내 이야기는 아직 끝나지 않았단다. 더 들어 보렴. 노예들이 갇혀 있는 배의 밑창은 지옥이나 다름없었어. 천장이 1미터가 채 안 되어 일어설 수도 없었지. 몹시 비좁아 눕지도 못하고 앉은 채 잠을 자야만 했단다. 용변을 보는 것도 문제였어. 다섯 명씩 쇠사슬로 묶여 있어 화장실에 가려면 다 같이 움직여야 했지. 그런데 하도 급해 화장실에 가기 전에 볼일을 보는 경우가 많아, 노예들은 똥오줌 위에 앉아 여행을 할 수밖에 없었단다."

세라가 비명을 지르듯 소리쳤습니다.

"박사님, 이제 그만요! 너무 끔찍해서 더 이상 들을 수가 없어요. 저도 궁금한 것이 있는데요. 노예선에서 황열병 환자가 나온다고 하셨죠? 황열병 환자는 모두 흑인들이었나요?"

"아니. 대부분 선원들이 걸렸어. 대체로 선원 가운데 5분의 1 정도

는 황열병으로 죽었다는구나."

아이들의 눈이 휘둥그레졌습니다.

"왜 대부분 선원들이 황열병에 걸렸죠?"

"내가 조금 전에 황열병을 앓고 나면 평생 면역이 되어 다시 병에 걸리지 않는다고 했지? 흑인 노예들이 그런 경우였어. 이들은 아프리카에서 살 때 어린 시절 황열병을 가

법게 앓았거든. 황열병은 토착민의 경우 사망률이 5퍼센트밖에 안 돼. 노예선에 있는 식수를 담은 나무통에 이집트숲모기가 알을 낳았단다. 항해 중에 알에서 깨어난 장구벌레들이 성충으로 변하여 선원들을 물어 피를 빨아먹었지. 선원 한 사람이 황열병에 걸리면 모기에 의해 다른 사람들에게 그 병이 옮아갔어."

"아, 그렇군요."

"아프리카 흑인 노예들이 팔려간 카리브 해의 히스파니올라 섬의 아이티는 프랑스 식민지였어. 이곳에는 커다란 사탕수수 농장이 있어 설탕을 많이 생산했지. 흑인 노예들은 이곳으로 많이 팔려와 농장 일을 했단다. 그런데 그들은 1791년 반란을 일으켰어. 농장에 불을 지르고 백인들을 죽였지. 반란은 1804년까지 이어졌는데, 프랑스의 나폴레옹은 반란을 진압하려고 군대를 보냈어. 프랑스 군대는 아이티의 흑인 노예들을 15만 명이나 학살했단다. 하지만 프랑스 군대도 엄청난 피해를 입었어. 프랑스 군대에 황열병이 돌아, 나폴레옹의 처남인 샤를 르클레르 장군을 비롯하여 90퍼센트 이상의 군인들이 목숨을 잃었어. 결국 프랑스 군대는 황열병에 무릎을 꿇고 철수할 수밖에 없었어. 나폴레옹은 자기들의 식민지인 루이지애나를 헐값에 미국에 팔고 아메리카 대륙에서 손을 떼었단다. 1804년 1월 1일 흑인 노예들은 프랑스의 식민 지배에서 벗어나 마침내 독립을 선언했어. 그리하여 근대 역사상 최초의 흑인 공화국인 아이티가 탄생했어. 황열병이 없었다면 프랑스 군대가 그렇게 쉽게 물러갈 수 있었을까? 따라서 황열병이 흑인 노예들의 아이티 독립을 도왔다고 할 수 있겠지?"

아이들이 놀라는 표정을 지으며 이렇게 말을 했습니다.

"정말 그렇네요. 말라리아는 로마 제국을 무너뜨리고, 황열병은 아이티 공화국을 세웠네요."

"천연두는 아즈텍과 잉카 문명을 멸망시키고, 발진티푸스는 러시아 원정 때 나폴레옹 군대를 전멸시켰어요."

홍길동 박사가 말했습니다.

"전염병은 그만큼 사람들에게 무시무시한 존재란다. 아무튼 황열병은 카리브 해의 여러 섬뿐만 아니라 미국으로도 상륙하여 피해를 입혔어. 1793년에 필라델피아를 습격해 반 년 사이에 적어도 시민의 10분의 1 이상의 목숨을 앗아갔단다."

다은이가 홍길동 박사에게 물었습니다.

"박사님, 당시에 황열병이 유행하여 사람들에게 피해를 입혔는데, 그 병이 어떤 병이고 어떻게 해서 전염되는지를 사람들은 알고 있었나요?"

"오, 좋은 질문을 했다. 황열병의 주범이 모기라는 사실은 당시에 전혀 밝혀지지 않았어. 병의 원인을 모르니 황열병에게 속수무책으로 당할 수밖에 없었어. 그런데 미국이 에스파냐와 전쟁을 벌일 때 황열병을 정복하기 위해 '황열병 위원회'를 조직했단다. 그 이야기를 자세히 들려주지.

1898년 미국은 서인도 제도에서 가장 큰 쿠바 섬을 침략해 에스파냐와 전쟁을 벌였어. 이 때 황열병·말라리아·티푸스 등의 열대병으로 죽은 병사가 1,500여 명이나 되었어.

미국은 병사들을 죽음으로 몰아넣는 무서운 적인 열대병을 그대로 방치해 둘 수가 없었어. 그래서 이 병의 전염을 막고 병의 원인과 예방법을 알아내기 위해 전문가들을 불러 모아 '특수 의사 부대'를 만들었지.

이 부대의 책임자는 월터 리드★ 박사였고 라지어, 제임스 카롤, 아그라몬트 박사 등이 연구원으로 근무했어. 이들이 밤낮을 가리지 않고 연구에 몰두하여 말라리아, 티푸스의 확산을 막을 수 있었지.

월터 리드 (1851~1902)

미국의 세균학자. 1898년 미국 – 에스파냐전쟁에서 장티푸스 방역단의 위원이 되었고, 1900년 쿠바 주둔 미군에 황열병이 유행하였을 때 조사단장으로서 현지에 가서 모기에 의한 황열병 전염 경로를 연구하였다.

하지만 황열병이 어떤 병인지 도저히 알 수가 없었어. 그래서 황열병을 완전히 정복하기 위해 '황열병 위원회'를 구성했지. 이때가 1900년 6월이었어. 월터 리드를 위원장으로 하여 라지어, 제임스 카롤, 아그라몬트 등 네 사람이 쿠바 섬 근처에 있는 라스 아니마스 병원에 파견되었단다.

쿠바 섬의 하바나 시에는 카를로스 핀레라는 의사가 있었어. 그는 1881년부터 10여 년 동안 황열병을 연구했는데, "황열병은 모기가 옮긴다."고 주장해 왔지. 하지만 다른 의사들은 그의 주장에 대해 코웃음을 쳤어.

"조그만 모기가 사람을 죽일 병균을 갖고 있다고? 말도 안 돼. 그런 병균을 갖고 있다면 모기가 먼저 죽어야지. 멀쩡하게 살아 돌아다니잖아."

"전염병은 환자와 접촉해 감염된 물건들을 통해 사람에게 전염되는 거야. 황열병도 아마 그럴 걸."

그러나 라지어는 핀레의 주장을 전해 듣고 이런 생각을 했어.

'황열병은 모기가 옮긴다……. 그것이 옳은지 그른지는 실험을 해 보면 알 수 있지. 모기에 물려서 황열병에 걸리는지 알아보는 거야.'

그러나 그것은 위험한 실험이었어. 핀레의 주장대로 정말 황열병에 걸린다면 목숨을 잃을 수도 있으니까 말이야.

'내 몸으로 실험을 하자.'

라지어는 이렇게 마음을 정하고 황열병 환자들이 입원한 병실에서 환자의 피를 빤 모기를 잡아왔어. 그러고는 모기를 자신의 팔에 앉혀 피를 빨아먹게 했지.

그로부터 닷새 뒤, 갑자기 오한이 나더니 머리가 망치로 두드려 맞은 듯 아팠어. 열이 계속 오르더니 잇몸에서 피가 나고, 몸이 누렇게 되었어. 라지어의 실험이 성공을 거두어 황열병에 걸린 거야. 라지어는 결국 며칠 뒤에 세상을 뜨고 말았지.

하지만 그의 죽음은 헛되지 않았어. 자기 몸을 바친 거룩한 실험으로 황

열병은 이집트숲모기가 옮긴다는 것을 증명해 주었으니까.

황열병의 주범이 모기로 밝혀진 뒤, 쿠바 섬의 하나바에서는 모기가 자랄 만한 웅덩이나 연못 등을 모두 없앴어. 그 결과 1901년에는 한 해에 천 명에 이르던 황열병 사망자 수가 20명으로 줄어들었다는구나.

황열병의 주범이 모기로 밝혀졌지만, 또 다른 실험을 거쳐야 했어. 황열병 환자의 땀이나 피, 옷·수건·담요·침대 등이 병균을 옮길 수 있다고 주장하는 학자들이 있었거든.

'황열병 위원회'에서는 집 두 채를 마련하여 각각 그 안에 황열병 환자들이 쓰던 더러운 물건들을 채워 넣었어. 옷·수건·담요·침대뿐 아니라 환자들이 쓰다 버린 쓰레기까지 집어넣었지.

그 다음에는 세 명의 자원자를 그 집에 각각 들여보내 3주일 동안 살도록 했어. 황열병 환자가 입던 옷을 입고, 침대에서 담요를 덮고 자게 한 거야. 물론 빨래도 하지 않고, 난롯불도 90도까지 올려 황열병이 널리 퍼질 수 있는 환경을 만들었지.

하지만 3주일이 지나도 황열병에 걸린 사람은 아무도 없었어. 그 뒤 더욱 불결한 환경을 만들어 실험을 거듭 했지만 결과는 마찬가지였어.

이로써 황열병은 환자가 쓰던 물건이 아니라 모기에 의해 옮겨진다는 것이 확실히 증명되었지.

"자기 몸을 바쳐 실험을 하다니요. 라지어의 희생이 놀라워요."

연두가 먼저 말을 꺼냈습니다.

"당시에 황열병 연구를 위해 자기 몸을 바친 사람이 또 있단다. 미국에서 온 간호사 클라라 마스*야. 1901년 2월 리드가 육군 대학 교수로 돌아가고 그 뒤를 이어 고거스가 부임했어. 고거스는 황열병 예방 연구를 시작했는데, 마스가 그 실험에 참여했어. 마스는 황열병 환자의 피를 빤 모기에 물렸고, 25세 젊은 나이에 목숨을 잃고 말았지. 뉴어크 독일 병원은 황열병 연구에 목숨을 바친 마스를 기려 1952년, 병원 이름을 '클라라 마스 기념병원'으로 바꾸었다는구나. 황열병뿐 아니라 다른 질병을 연구하던 사람들 중에도 자기 몸으로 생체 실험을 한 사람이 적지 않아. 페루의 의과 대학생 다니엘 카리온은 1885년 페루 사마귀 병의 원인을 밝혀내려고

> 클라라 마스 (1876~1901)
> 미국의 간호사. 쿠바에서 활동 할 때 황열병의 매개체가 모기라는 것을 밝히려고 실험을 할 때, 유일한 여성 참가자이다.

그 병균을 자기 몸에 넣었단다. 페루 사마귀 병은 모래파리가 옮기는 무서운 전염병인데, 이 병의 초기 증상을 관찰하려고 자기 몸으로 실험을 한 거야. 카리온은 사마귀 병에 걸려 병의 진행 과정을 자세히 기록하다가 결국엔 세상을 떠나고 말았지."

세라가 감동에 젖은 목소리로 말했습니다.

"병의 원인을 밝히려고 자기 몸을 바쳐 실험을 한 분들이 있었기에 오늘날 의학이 발전할 수 있었군요. 저는 그분들을 성자라 부르고 싶어요. 박사님, 황열병도 그런 분들의 희생 덕분에 예방법이 나왔겠죠?"

"물론이야. 아프리카 출신인 미국의 의학자 막스 타일러★는 1927년 세균이 아니라 바이러스가 황열병을 일으킨다는 사실을 밝혀냈어. 그리하여 3년 뒤에는 실험용 동물을 이용해 황열병에 효과적인 예방 백신을 개발하는 데 성공했지. 그 공로로 그는 1951년 노벨 생리·의학상을 받았단다."

> 막스 타일러 (1899~1972) 남아프리카공화국의 의학자. 1930년 황열 바이러스를 생쥐의 뇌 속에 접종할 수 있음을 발견하여 황열 바이러스에 관한 연구와 백신 개발에 기여했다.

"예방 백신이 나와 황열병 환자가 거의 사라졌겠군요?"

"물론 20세기 중반에는 황열병 백신이 많이 보급되어 환자들이 많이 줄어들었지. 하지만 지금도 아프리카의 기니·수단·세네갈 등에서는 황열병이 발생하고 있단다. 황열병을 예방하기 위해서는 모기의 서식지를 없애고, 치료법 개발에 더욱 힘써야 하겠지. 아직까지 황열병이 완벽하게 치료되지 않고 있거든."

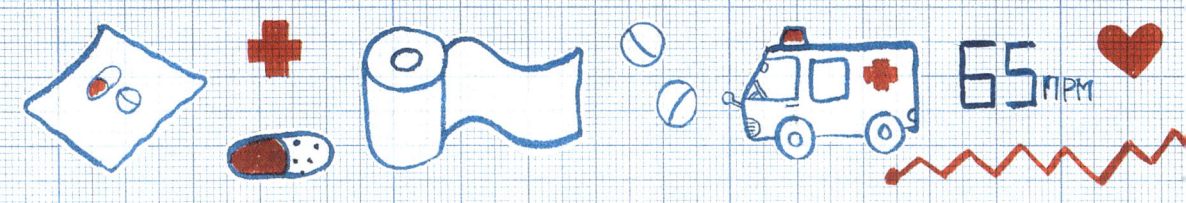

한센병 환자들을 돌본 다미앵★신부

다미앵은 벨기에 출신의 가톨릭 신부예요. 형인 팜필 신부의 영향을 받아 성직자를 지망한 그는 해외 선교를 하는 수도회에 들어갔어요. 그리고 1863년 하와이로 가서 신부가 되었지요.

다미앵 신부는 교구 사제로 10년 동안 일했어요. 그런데 어느 날 그는 하와이의 몰로카이 섬에 있는 한센병 환자촌인 칼라와오 마을에 대한 소식을 들었어요. 이 마을은 하와이 정부가 한센병 환자들을 잡아들여 외부와 격리시킨 강제 수용소였어요. 이곳은 삼면이 바다로 둘러싸여 있고, 다른 한 면은 깎아지른 듯한 낭떠러지라서 한번 들어가면 나올 수 없는 곳이었어요.

1873년 다미앵 신부는 한센병 환자들을 돌보기 위해 칼라와오 마을로 들어갔어요. 처음 갈 때 그를 데려간 주교는 한센병 환자들에게 이렇게 말했어요.

"여러분의 아버지가 될 사람을 데려왔습니다. 이분은 여러분을 극진히 사랑해서 여러분과 같이 살고 여러분과 같이 죽을 것입니다."

그때 다미앵 신부는 33세 청년이었어요. 그는 주교가 말한 대로 한센병 환자들과 함께 살며 그들을 돌봐 주었어요. 병으로 죽어가는 사람들을 위로하고 상처를 치료해 주었으며, 관을 만들고 무덤을 팠어요. 그가 처음 6년 동안 판 무덤이 1,600여 개였어요. 다미앵 신부는 교회를 세우고 한센병 환자들이 살 집을 지어 주었어요.

한센병 환자들은 외부 사람들에게 멸시와 천대를 받아 왔기 때문에 다미앵 신

> **다미앵 (1840~1889)**
> 한센병 환자에 대한 헌신적인 봉사로 유명한 벨기에의 가톨릭 선교사. 1973년, 지원해서 몰로카이섬의 나병환자 수용 시설로 가서, 물심양면에 걸쳐서 약 800명의 환자를 돌보고, 1984년 자신도 감염되었다. 죽기 직전까지 봉사활동을 계속했다.

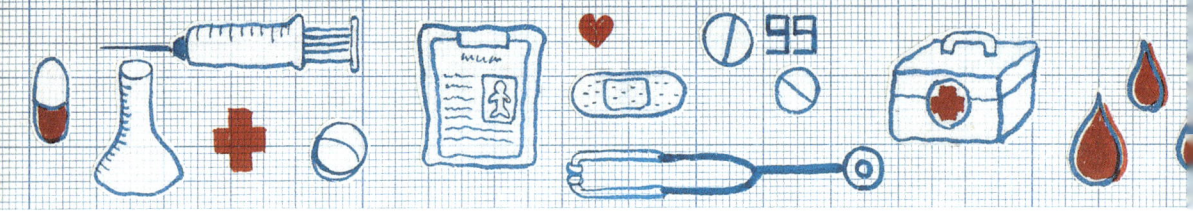

부에게 마음의 문을 굳게 닫았어요. 신부를 경계하고 차갑게 대했지요.

"하느님, 저를 한센병 환자로 만들어 주세요. 저도 저들과 같이 육체적 고통을 나누며 형제로 살고 싶습니다."

다미앵 신부는 날마다 이런 기도를 하며 환자들을 헌신적으로 돌보았어요. 그러자 그들은 신부의 한결같은 사랑과 정성에 감동을 받아 마음의 문을 열었어요. 그리하여 다미앵 신부를 아버지처럼 믿고 따랐어요.

그로부터 10년 뒤 다미앵 신부는 자신도 한센병에 걸렸다는 판정을 받았어요. 그는 하느님이 자기 기도를 들어 주셨다며 매우 기뻐했어요.

다미앵 신부는 한센병을 앓으면서도 죽는 순간까지 환자들을 정성스럽게 보살폈어요. 그리고 1889년의 어느 날 하느님의 부르심을 받았지요. 성자의 삶을 살았던 다미앵 신부는 오늘날까지 '한센병 환자의 아버지'라 불리며 많은 사람들에게 존경을 받고 있답니다.

한센병은 한센균이라고도 하는 막대 모양의 나균 때문에 생기는 전염병이에요. 이 병에 걸리면 피부와 외형이 문드러진다고 해서 '문둥병' 또는 '나병'이라고 했어요. 1873년 노르웨이의 의사 게르하르트 한센이 최초로 한센균을 발견하여, 그의 이름을 따서 '한센병'이라고 불러요.

한센병은 치료받지 않은 환자의 고름·콧물·침 등의 분비물을 통해 감염이 돼요. 환자에게서 나온 나균에 오랫동안 접촉한 경우에 발병할 확률이 높지요. 하지만 나균이 어떻게 전파되는지는 정확히 밝혀지지 않았어요.

주요 증상은 피부에 희거나 붉은 반점이 나타나고, 감각을 전혀 느끼지 못해요. 차차 피부가 두꺼워지고 혹이 많이 생겨요.

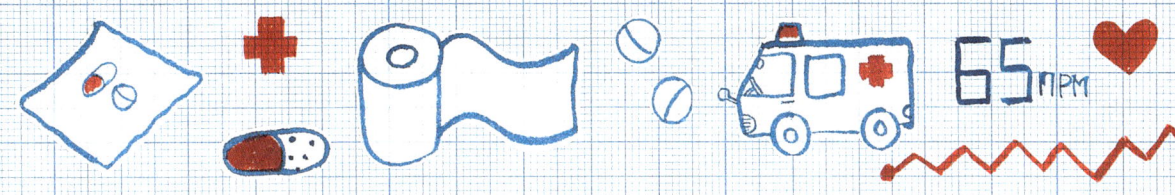

한센병은 오랜 옛날부터 사람들에게 공포의 대상이 되었어요. 중세 유럽에 한센병 환자는 검은 외투처럼 한눈에 알아볼 수 있는 옷을 입어야 했고, 사람들이 오면 뿔피리·딸랑이 등을 사용해 자신의 존재를 알려야 했어요. 그리고 시장·여관·술집 등에 들어가는 것이 허용되지 않았어요.

한센병은 20세기 중반에 치료약이 개발되어 환자가 크게 줄어들었어요. 세계 보건 기구는 2030년쯤 한센병이 완전히 없어지리라 내다보고 있어요.

어린이들이 주로 걸렸던 무시무시한 전염병, 소아마비

소아마비는 폴리오바이러스가 일으키는 전염병이에요. 폴리오바이러스가 입과 코를 통해 몸속에 들어와 장으로 가서 신경계에까지 이르러요. 그러면 신경 세포를 죽이거나 손상시켜서 팔다리에 마비를 일으키지요. 심한 경우에는 폐를 마비시켜 목숨을 잃게 해요. 병이 나은 뒤에도 후유증이 남아 평생 걷지 못하거나 다리를 절고 눈이 멀기도 한답니다.

어린이들이 주로 걸리기 때문에 '소아마비'라고 불러요. '폴리오' 또는 '회백수염'이라고도 해요.

주요 증상은 발열·두통·인후염·구역질·구토·설사·초조함·졸음 등이에요. 열이 내릴 때 갑자기 마비가 일어나지요.

소아마비에 걸렸다고 해서 모든 사람이 심하게 앓는 것은 아니에요. 환자 가운데 90퍼센트 이상이 마비 증상 없이 사나흘 만에 회복해요. 환자 200명 가운데 1명이 영구 마비가 되고, 5~7퍼센트 정도가 죽음에 이르게 돼요.

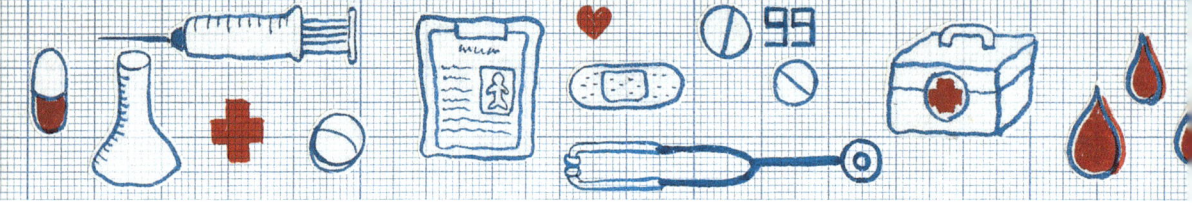

　소아마비는 기원전 1198년 죽은 고대 이집트 파라오 십타의 미라에서 그 흔적이 발견될 만큼 오래된 질병이에요. 하지만 이 병은 19세기 전까지는 그리 심각하지 않았어요. 대부분 6개월 미만의 신생아일 때 소아마비에 걸리지만, 어머니의 모유를 통해 만들어진 항체로 병을 물리치기 때문이에요. 이 항체는 6개월쯤 지속되지요. 그 다음부터는 평생 소아마비에 대한 면역성을 가져 그 병에 걸리지 않아요.

　그러나 19세기에 와서 소아마비 환자가 늘어나기 시작했어요. 그 이유는 도시 환경이 깨끗해져 신생아들이 폴리오바이러스에 쉽게 노출되지 않지만, 태어난 지 6개월 이후에는 병에 대한 항체가 사라져 꼼짝없이 소아마비에 걸리는 거지요.

조너스 솔크 (1914~1995)

미국의 의학자. 세균학, 역병학 등의 예방의학을 연구하였으며, 소아마비의 예방 백신인 '소크백신'이라는 불활성 백신을 개발하였다.

　소아마비는 20세기 중반까지 미국을 비롯해 여러 나라에서 유행했어요. 1916년 미국에서 3만 명이 소아마비에 걸려 7천 명 이상이 죽었어요. 1950년대에는 해마다 미국에서 5만 명 이상이 소아마비에 걸려 큰 사회 문제가 되었어요.

　하지만 1955년 미국의 조너스 솔크* 박사가 소아마비 백신 개발에 성공하면서 소아마비를 예방할 수 있게 되었지요.

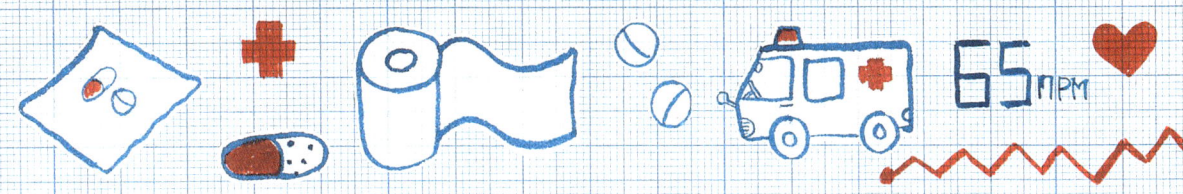

 이것은 꼭 알아 두어요.

황열병을 옮기는 것은?
이집트숲모기.

황열병이 흑인 노예들의 아이티 독립을 도왔다고 말할 수 있는 까닭은?
아이티 흑인들의 반란을 진압하려던 프랑스 군대에 황열병이 돌아 진압군의 90%가 죽었기 때문에.

폴리오바이러스가 일으키는 병으로 주로 어린이들이 걸리는 전염병은?
소아마비.

제 9 장
인류를 공포에 떨게 한 현대의 전염병들
– 스페인독감·조류독감·신종플루·사스·메르스·
에볼라바이러스·에이즈·지카바이러스·광우병

"자, 지금부터는 20세기와 21세기에 등장하여 인류를 공포에 떨게 한 현대의 전염병들에 대해 알아보겠다. 너희들, 에이즈·광우병·조류독감·사스·에볼라바이러스·메르스·지카바이러스 등의 이름을 들어 보았지? 이들 질병은 수십 년 사이에 나타나 지구촌을 불안과 공포로 들끓게 한 새로운 전염병들이란다. 1960년대까지만 하더라도 현대 의학은 자신감에 차 있었어. 전염병을 예방할 수 있는 백신과 그 치료약인 항생제가 계속 개발되어 전염병 환자들이 크게 줄어들었거든. 1980년에는 세계 보건 기구가, 지구상에서 천연두가 완전히 사라졌음을 선언하기도 했지. 현대 의학자들도 전염병 시대가 곧 끝날 것으로 내다보았고, 미국 공중위생국장 윌리엄 스튜어트도 '대부분의 전염병이 이제 끝이 보인다.'고 자신만만하게 말했단다. 하지만 그것은 섣부른 판단이었어. 1970년대부터 에볼라바이러스를 비롯하여 에이즈·라사 등 새로운 전염병들이 속속 나타나 빠른 속도로 유행하여 사람들을 괴롭혔거든. 이런 전염병들은 대부분 바이러스가 일으키는 병이고, 동물이 인간에게 옮기는 '인수 공통 전염병'이라는 공통점을 갖고 있단다. 과학자들은 바이러스의 위험을 경고하고 있어. 인류의 종말이 온다면 바이러스가 낳은 전염병의 유행으로 시작된다고 말할 정도야. 바이러스가 적응을 잘 하여 빠르게 변종을 일으켰기 때문에 다양한 바이러스들이 나타났단다. 최근 5~6년 사이에 발견된 바이러스만 해도 800여 종이나 되지. 특히 환경 파괴로 말미암아 사람과 동물들이 자주 접촉하게 되면서, 동물에게 있던 바이러스가 인간에게 옮겨와 이제까지 볼 수 없었던 새로운 바이러스가 발견되는 거야. 세계 보건 기구에서는, 최근 10년 동안 나타난 질병의 75퍼센트 이상이 동물에서 비롯되었다고 발표했단다. 이런 바이러스들은 백신이나 항생제가 없으니 꼼짝없이 피해를 입을 수밖에."

홍길동 박사가 여기까지 이야기했을 때 창희가 질문을 했습니다.

"현대에 와서 새로운 전염병들이 많이 등장하여 빠른 속도로 유행했다고 하셨는데요. 그 이유가 무엇인지 좀 더 자세히 말씀해 주실래요?"

홍길동 박사가 웃으며 말했습니다.

"제법인 걸. 그럴듯한 질문을 할 줄 알고……. 사흘 동안 강의를 한 보람이 있구나. 새로운 전염병들이 많이 나타난 것은 앞서 밝힌 이유 말고도 이런 문제들을 생각해 볼 수 있어. 첫째, 의학이 발달하여 새로운 병을 찾아내는 진단 기술이 늘었기 때문이야. 옛날에는 진단 기술이 별로 없어 새로운 전염병이 등장해도 그것이 무슨 병인지 모르고 지나쳤지. 그렇지만 요즘은 그 병의 원인과 치료법을 몰라도 어떤 병인지는 금방 알아낼 수 있단다. 둘째는, 교통의 발달로 이동과 접촉이 활발해졌기 때문이야. 외국과의 교류가 자유로워져서, 새로운 전염병이 생기면 전 세계로 퍼지는 데 24시간이 안 걸려. 그러니 전염병이 빠른 속도로 세계 곳곳에 퍼져 나갈 수밖에 없지. 셋째는, 지구 온난화와 생활환경의 변화로 바이러스들이 빠르게 변종을 일으키기 때문이야. 이와 함께 앞서 말했던, 환경 파괴로 인해 사람과 동물들이 자주 접촉하게 되면서 동물에게 있던 바이러스가 인간에게 옮겨와, 새로운 바이러스가 많이 발견된다는 점도 빼놓을 수 없겠지. 넷째는, 사람들이 소·돼지·닭·오리 등의 가축을 농장에서 집단 사육하기 때문이야. 이들 동물을 야생 상태로 두었다면 조류독감 따위의 전염병이 그처럼 쉽게 퍼져 나가진 않았겠지. 이들 동물과 접촉하는 사람이 드물 테니 바이러스가 옮겨지지 않았을 테고……. 다섯째는, 새로운 전염병들이 대부분 공기를 통해 옮기는 호흡기 질환이기 때문이야. 물은 끓여 마시고, 모기·이·벼룩 등은 잡아 없애거나 소독·살균을 하면 되잖니. 하지만 공기는 어떻게 할 수 없기 때문에 언제 어디서 옮길지 공포의 대상이 되고 있어. 실제로 많은 사람들이 호흡기 질환으로 목숨을 잃고 있단다."

홍길동 박사의 설명이 길게 이어지자 연두가 하품을 하며 말했습니다.

"박사님, 너무 지루하고 따분해요. 이쯤에서 옛이야기 한 토막 해 주시면 좋을 텐데요."

세라가 맞장구를 쳤습니다.

"맞아요. 무슨 이야기든 좋으니 한 가지 해 주세요."

홍길동 박사가 알았다는 듯 손을 들었습니다.

"좋아, 좋아. 스페인독감 이야기를 하려던 참이었는데, 감기에 걸린 아버지와 아들에게 재채기를 시키는 귀신 이야기를 들려주지."

"감사합니다!"

아이들이 합창하듯 큰 소리로 외치고 귀를 기울이기 시작했습니다.

이 마을 저 마을 돌아다니며 물건을 파는 장사꾼이 있었어.

장사꾼은 여러 달 만에 집에 돌아와 아들에게 말했어.

"너도 이제 스무 살이 되었으니, 나를 따라다니며 장사를 배우도록 해라."

장사꾼은 며칠 뒤에 짐을 꾸려 아들과 함께 집을 나섰어.

아버지와 아들은 봇짐을 짊어지고 마을을 찾아다니며 물건을 팔았지.

그러던 어느 날이었어. 어느 도시에 다다랐을 때 날이 저물어 성문이 굳게 닫혀 있었지.

아버지가 걱정스러운 얼굴로 말했어.

"여관은 성 안에 있는데, 성문이 닫혀 찾아갈 수가 없구나. 오늘 밤은 어디서 자지?"

아버지와 아들은 잘 곳을 찾아 그 근방을 헤매 다녔어. 그리하여 사람이 살지 않는 빈 집을 발견했지.

"옳지, 오늘 밤은 저 집에서 묵어야겠다."

아버지와 아들은 빈 집으로 들어갔어.

그런데 그 집의 주인은 험상궂게 생긴 사나운 귀신인 야차였어. 수미산 북쪽을 지키는 신인 다문천왕을 20년째 섬겨 오고 있었어. 다문천왕은 야차를 빈 집으로 보내며 이렇게 말했었지.

"그 집에서 살며 사람을 잡아먹어도 좋다. 하지만 잡아먹기 전에 반드시 재채기를 시켜야 한다. 그래서 만일 오래 살라는 말을 하는 사람이 있으면 절대로 잡아먹지 마라. 그 밖의 사람들은 잡아먹어도 된다."

야차는 다문천왕의 당부를 잊지 않았어. 그래서 아버지와 아들이 집 안으로 들어서자, 먼저 아버지를 향해 고춧가루를 뿌렸지. 아버지는 정신없이 재채기를 했어. 그러자 아들이 말했어.

"아버지, 감기에 걸리셨군요. 오래 사시려면 몸조심하셔야지요. 건강하게 오래 사셨으면 좋겠어요."

야차는 아들의 말을 듣고 생각했어.

'오래 살라는 말을 하니 아들은 잡아먹지 못하겠다.'

야차는 이번에는 아들을 향해 고춧가루를 뿌렸어. 아들도 '에취!' 하고 재채기를 했어. 그러자 아버지가 말했어.

"감기에 걸렸구나. 내 걱정만 하지 말고 너도 몸조심해라. 오래오래 살아야지."

아버지도 오래 살라는 말을 하니 잡아먹을 수 없었어.

'아버지와 아들이 서로를 걱정해 주다니. 이렇게 마음씨 착하고 정이 많은 사람들은 처음 보겠네.'

야차는 깊은 감동을 받았어. 그래서 그 뒤부터는 사람을 잡아먹지 않고, 남을 걱정해 주는 착한 귀신이 되었다는구나.

홍길동 박사의 이야기가 끝나자 동배가 오랜만에 입을 열었습니다.

"재미있는 이야기 잘 들었어요. 저도 궁금한 게 있는데 감기와 독감은 어떻게 다른가요?"

동배의 질문에 창희가 쏘아붙이듯이 말했습니다.

"똥배야, 너는 그것도 모르니? 독감은 '독한 감기'의 준말이야. 박사님, 제 말이 맞죠?"

창희가 동의를 구하자 홍길동 박사는 웃으며 말했습니다.

"감기와 독감은 열이 나고 콧물·기침을 하는 등 증세가 비슷해서 같은 병으로 생각하기 쉬운데, 실제는 전혀 다른 병이란다. 감기가 수십 종의 바이러스 때문에 걸리는 데 비해 독감은 오로지 인플루엔자 바이러스 때문에 걸리거든. 따라서 감기는 바이러스의 종류가 워낙 많아서 백신을 만들기 어렵지만, 독감은 바이러스가 한 종류이기 때문에 백신을 만들어 예방할 수 있어. 감기와 독감이 증세가 비슷하다고 해도 독감은 온

몸이 쑤시고 아픈 근육통과 두통·고열 등의 증세가 훨씬 심하단다."

창희가 쑥스러운 듯 뒤통수를 손으로 긁었습니다.

"감기와 독감이 전혀 다른 병이었군요. 오늘 처음 알았어요. 독감의 증세가 감기보다 훨씬 심하다면 목숨을 잃을 수도 있나요?"

"물론이지. 면역력이 약한 노인이나 어린이, 병을 앓는 사람들은 독감을 이겨 내지 못하고 폐렴 등의 합병증으로 목숨을 잃을 수도 있단다. 1918년과 1919년 스페인독감이 전 세계에 유행했을 때는 어땠는지 아니? 무려 5천만 명 이상이 독감에 걸려 목숨을 잃었어."

아이들은 깜짝 놀라 눈을 동그랗게 떴습니다.

"예? 그렇게 많은 사람이 독감으로 죽었다고요?"

"그래. 스페인독감은 제1차 세계대전 당시에 프랑스에서 주둔하고 있던 미군 병영에서 시작되었다고 해. 독감은 군인들 사이에서 순식간에 퍼졌고 독일 병영으로 번져갔지. 얼마나 많은 병사들이 독감을 앓다 죽었는지, 전쟁이 끝난 뒤 독일군 참모총장 에리히 루덴도르프는 '독일이 전쟁에서 진 것은 병사들이 독감에 걸렸기 때문이다.' 라고 말했다는구나. 스페인독감은 유럽은 물론 미국·아시아 여러 나라로 퍼졌어. 영국 20만 명, 독일 40만 명, 미국 50만 명, 인도 1천만 명, 일본 39만 명이 목숨을 잃었고, 우리나라에서도 14만 명이 죽었다고 해."

"독감이 무서운 전염병이로군요. 박사님, 제1차 세계대전 당시에 프랑스에서 주둔하고 있던 미군 병영에서 독감이 시작되었는데 왜 스페인독감이라고 불렀나요?"

다은이가 이렇게 묻자 홍길동 박사가 대답했습니다.

"질문 한번 잘했다. 독감이 시작된 곳이 스페인(에스파냐)이 아닌데 '스페인독감'이라니 충분히 그런 의문을 가질 만하지. 그 이유를 설명하면 이렇단다. 당시는 제1차 세계대전 중이라서 전쟁에 참여한 나라들은 언론 보도에 아주 신중했어. 자기 나라에 독감이 유행하여 많은 사람들이 죽는다는 것이 알려지면 적에게 유리할까 봐, 그 사실을 신문에 싣지 못하게 했어. 그런데 전쟁에 참여하지 않은 스페인은 언론 검열 없이 사실대로 보도하여 스페인에서 처음 독감이 유행한 것으로 세상에 알려졌단다. 그 바람에 이 독감이 '스페인독감'이란 이름을 얻었지."
"그랬군요. 스페인독감 이후에 또 어떤 독감이 유행했나요?"
다은이가 계속해서 질문을 던졌습니다.
"스페인독감은 전염력이 강한 슈퍼 독감이어서 그처럼 많은 사람들의 목숨을 앗아간 거야. 독감의 유행은 스페인독감 이후에도 계속되었단다. 1957년 아시아독감, 1968년 홍콩독감, 1977년 러시아독감, 1997년과 2003년 조류독감, 2009년 신종플루 등이 유행하여 사람들을 공포에 떨게 했지."
"조류독감과 신종플루는 어떤 병이에요?"
"조류독감과 신종플루를 설명하기 전에 알아둘 것이 있어. 독감은 인플루엔자 바이러스 때문에 걸린다고 했지? 이 독감 바이러스는 A형·B형·C형이 있단다. 이 세 가지 중에서 돌연변이를 잘 일으켜 사람들에게 빠르게 전파되고 큰 피해를 입히는 것이 A형이야. 스페인독감을 비롯하여 사람들을 죽음으로 몰아넣은 치명적인 독감이 모두 A형이 변이를 일으켜 생긴 바이러스란다. 그 가운데 조류독감은 말 그대로 닭·오리·야생 조류들이 걸리는 독감이야. 새들에게만 전염되는 병인데, 1997년 사람에게까지 전염되어 숨지는 일이 홍콩에서 벌어져 세계는 충격에 빠졌어. 그 뒤에도 많은 사람들이 조류독감으로 목숨을 잃었단다."

"조류독감이 사람에서 사람으로 옮겨지진 않나요?"

"다행히 그런 일은 벌어지지 않고 있어. 하지만 조류독감이 언제 돌연변이를 일으킬지 몰라 의학계에서는 걱정스럽게 지켜보고 있단다."

"그런 일이 일어나지 않기를 바랄 수밖에 없네요."

세라는 이렇게 말하며 두 손을 모았습니다.

"기도도 해야겠지만 사람에게서 사람으로 전염되는 조류독감이 발생하기 전에 예방 백신을 만들어야 하겠지. 그것이 대재앙을 막는 길이야. 2009년 유행한 신종플루도 처음엔 사람들에게 공포의 대상이 되었단다. 신종플루는 2009년 2월 멕시코에서 유행하기 시작했어. 고열·근육통·두통·오한 등의 증세가 나타나는데, 환자의 기침·재채기 등으로 퍼지는 호흡기 질환이었지. 이 병은 한 달도 안 되어 전 세계로 퍼져 나갔어. 세계 214개 나라에서 1만 8,500여 명이 목숨을 잃었지. 하지만 조지 워싱턴대 공중보건센터는 신종플루로 숨진 사람이 20만 3천 명이라고 발표했단다. 신종플루는 처음에 돼지 사육장 근처에서 환자가 많이 발생했어. 그래서 돼지에 기생하는 바이러스에 의해 이 병이 생겼다며 '돼지 인플루엔자 바이러스'라고 불렀지. 하지만 그런 이름이 돼지 산업에 큰 타격을 줄 수 있다는 의견이 있어 '새로운 독감'을 뜻하는 '신종플루'로 이름을 바꾸었어. 신종플루는 돼지, 사람, 조류, 인플루엔자가 뒤섞여 만들어진 바이러스로 밝혀졌단다."

창희가 갑자기 생각난 듯 물었습니다.

"2002년에 사스라는 전염병이 유행하지 않았나요?"

홍길동 박사가 깜짝 놀라는 표정을 지었습니다.

"오, 네가 사스를 아니? 놀랍다. 네가 아니었으면 사스를 빼먹을 뻔했어. 고맙다."

"헤헤, 뭘요. 언젠가 어린이 신문에서 본 기억이 나 그냥 말씀드렸어요."

"역시 미래의 내 조수답다. 그럼 네가 아는 대로 사스에 대해 설명해 볼래?"

홍길동 박사의 갑작스런 질문에 창희는 얼굴을 붉혔습니다.

"그게 저……. 신문을 읽은 지 오래되어 기억이 안 나요. 죄송해요."

"죄송하기는……. 내 이야기를 잘 들어 보렴. 사스에 대해 생각이 날 거야. 사스는 열이 나고 기침을 하는 등 독감과 증세가 비슷해. 하지만 일주일쯤 지나면 호흡 곤란 증상이 나타나 죽음에 이르게 된단다. 사스는

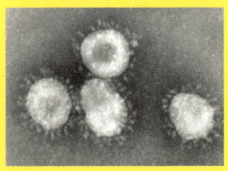

코로나바이러스

1930년 대 닭에서 처음 발견된 뒤 개·돼지·조류 등의 동물에서 발견되었고, 1960년대에는 사람에서도 발견되었다. 바이러스 표면 모양이 태양의 코로나와 비슷해 코로나바이러스라는 이름이 붙었다. 사람이 코로나바이러스에 감염되면 콧물, 기침, 열 등 코감기 증상이 나타난다. 코로나바이러스는 기침이나 재채기를 통해 공기로 전염되며, 악수 등 신체 접촉을 통해서도 옮을 수 있다.

2002년 11월 중국 광저우에서 첫 환자가 나왔어. 그리고 여덟 달 만에 홍콩·싱가포르·베트남 등의 아시아와 유럽, 미국, 캐나다 등 세계 각지로 퍼졌지. 26개 나라에서 8,069명의 환자가 발생하여 775명이 목숨을 잃었어. 사스는 '중증급성호흡기증후군'이라 하는데, 코로나바이러스★에 의해 발병하는 것으로 밝혀졌어. 그런데 놀라운 것은 이 바이러스가 식용으로 이용하는 사향고양이에게서 발견되었다는 점이야. 정확한 원인이 밝혀지지는 않았지만, 박쥐에서 사향고양이를 거쳐 사람에게 전염되는 것으로 보고 있어."

"2015년에 우리나라에서 유행했던 메르스(중동호흡기증후군)는 낙타 때문에 퍼져 나간 전염병이라면서요?"

"그렇지. 메르스도 사스처럼 코로나바이러스 감염에 의한 호흡기 질환인데, 중동 지방에서는 낙타가 새끼를 낳는 때인 3~5월에 환자가 많이 나왔단다. 이 계절은 낙타와 사람의 접촉이 많은 철이라서 낙타를 매개체로 하여 감염 전파된 것으로 추정하고 있어."

"메르스 때문에 언제나 마스크를 쓰고 다니고, 집에 오면 늘 방안에 갇혀 지냈어요. 집에서 한 발자국도 나가면 안 된다고 엄마가 엄포를 놓았거든요."

연두가 그 시절이 괴로웠다는 듯 이맛살을 찌푸렸습니다.

"대한민국 국민이라면 누구나 '메르스 공포'에 괴로운 나날을 보냈지. 메르스가 사스와 비슷한 병이지만 사스보다 치사율이 네 배나 높았거든. 아무튼 중동에서 시작된 메르스가 우리나라에까지 찾아들어 온 국민에게 평생 잊지 못할 악몽을 안겨 준 셈이지."

창희가 다시 물었습니다.

"사람과 동물들이 자주 접촉하게 되면서 동물에게 있던 바이러스가 인간에게 옮겨와 새로운 전염병이 생겼다고 하셨죠? 방금 말씀하셨던 사스와 메르스 말고 또 어떤 병이 있죠?"

"많은 병들이 있지만 대표적인 병으로 에볼라바이러스★를 꼽을 수 있어. 1970년대에 나타난 이 병은 아프리카 밀림의 야생 박쥐인 과일박쥐의 몸속에 살던 에볼라바이러스가 사람에게 전파된 거야. 이 병에 걸리면 80퍼센트 이상이 목숨을 잃게 돼. 그 증상이 얼마나 끔찍한지 몰라. 열이

에볼라바이러스

오르고 오한·두통·근육통에 시달리다가 온몸이 검게 변하고 눈·코·귀·입·항문에서 피를 흘리며 죽음에 이르지. 내가 2014년 아프리카에 이 전염병이 유행할 때 구호 활동을 했다고 했지? 에볼라바이러스가 어찌나 전염성이 강한지 정신을 차릴 수 없었단다. 한 집에 환자가 발생하면 그를 간호하던 가족들도 모두 이 병에 걸렸어. 마을마다 하루에도 수십 명씩 전염병으로 목숨을 잃었지. 2014년 말까지 서아프리카의 시에

라리온·라이베니아·기니 등에서 2만 6,593명의 환자가 발생하여 1만 1,005명이 세상을 떠났단다."

홍길동 박사는 말을 잠시 멈췄다가 다시 이었습니다.

"아프리카 하면 또 떠오르는 전염병이 '에이즈'야. 아프리카에 에이즈 환자가 가장 많고, 요즘도 하루에 6천여 명씩 이 병으로 죽어가고 있단다. 에이즈를 연구한 학자들에 따르면, 이 병을 일으키는 '인간 면역 결핍 바이러스(HIV)'*가 아프리카에 사는 원숭이에서 사람으로 옮아왔을 가능성이 높다고 하는구나. 원숭이에게 있는 바이러스와 인간 면역 결핍 바이러스가 서로 비슷하거든. 아프리카에 사는 사람들이 원숭이를 사냥하여 잡아먹는 과정에서, 원숭이 몸속에 있는 바이러스가 사람에게 옮아왔다는 거지. 에이즈는 1981년 미국에서 처음 발견되었는데, 중세의 페스트 이후 가장 무섭고 위험한 질병으로 알려져 있어. 세균이나 바이러스가 우리 몸속에 들어오면 면역 세포가 움직여 이를 막아내거든. 그런데 인간 면역 결핍 바이러스가 우리 몸속에 들어오면 면역 세포를 파괴해 버려. 그렇게 되면 건강한 사람들이 잘 걸리지 않는 폐렴·결핵·암 등에 잘 걸리는 면역 결핍이 나타난단다. 그래서 이 병을 '후천성면역결핍증(에이즈)'이라고 하지. 에이즈로 죽은 사람의 60퍼센트 이상이 면역력이 떨어져 다른 질병에 걸려 죽었어. 이제까지 에이즈로 죽은 사람이 전 세계에 3,600만 명에 이르고,

> **인간 면역 결핍 바이러스**
> 면역세포인 CD4 양성 T-림프구가 파괴되면서 인체의 면역력이 저하되는 감염성 질환

해마다 200만 명 이상이 목숨을 잃고 있어. 에이즈에 감염되어 살아가는 사람도 3,500만 명이나 되지."

아이들의 얼굴에 놀라는 빛이 떠올랐습니다.

"우리 시대에 그렇게 무서운 병이 있었군요. 에이즈는 어떻게 감염되나요?"

세라가 묻자 홍길동 박사가 대답했습니다.

"에이즈는 에이즈 환자와 성 접촉이 있을 때, 에이즈에 감염된 피를 수혈 받거나 에이즈에 감염된 사람이 쓴 주사기를 사용한 경우에 걸릴 수 있어. 그리고 에이즈 환자인 엄마가 아기를 낳을 때나 아기에게 젖을 먹일 때 아기에게 병을 옮길 수 있어. 에이즈에 걸린 13세 이하의 어린이들 가운데 70퍼센트 이상이 출산 전후 산모를 통해 감염되었대. 아프리카에는 그렇게 에이즈에 걸린 어린이 환자가 많이 있단다. 에이즈로 부모를 잃은 어린이도 2천만 명에 이르고……."

다은이가 물기 젖은 목소리로 말했습니다.

"아프리카에 에이즈 때문에 고통을 겪는 어린이가 많이 있다니 너무 슬퍼요. 박사님, 에이즈에 걸리면 모두 죽어야 하나요?"

"처음엔 별다른 치료법이 없어서 많은 사람들이 에이즈로 죽어갔어. 에이즈의 초기 증상은 원인 모를 발열·마른기침·식은땀·두통·식욕 부진·전신 피로·설사·체중 감소 등이란다. 하지만 이런 증상만으로는 에이즈 감염 여부를 확인할 수 없어. 초기 증상 이후에는 평균 10년 이상 아무 증상이 없는 시기에 들어가거든. 하지만 대부분 10년 안에 에이즈 환자로 발병하고, 치료받지 않으면 몇 년 안에 죽게 되지. 요즘은 에이즈를 완전히 치료하진 못해도 약을 챙겨 먹고 관리를 잘하면 생명을 이어갈 수 있단다. 에이즈에 잘 듣는 약과 치료법이 개발되었거든. 3가지 이상의 약을 함께 먹는 이른바 '칵테일 요법'이 약효를 높여, 에이즈 증상을 효과적으로 억제하고 내성을 방지하게 되었지. 하지만 가난한 아프리카 사람들은 약값이 비싸 이런 치료를 제대로 받지 못한 채 죽어가고 있단다. 하루빨리 에이즈 예방 백신이 개발되어 에이즈 없는 세상이 왔으면 좋겠다."

창희가 물었습니다.

"신문과 방송에서 지카바이러스*라는 전염병이 자주 소개되던데 이 병이 무슨 병이에요?"

"지카바이러스는 말라리아·일본뇌염처럼 모기가 옮기는 병이란다. 2015년 5월 브라질에서 첫 환자가 발생하여 남미 지역은 물론, 멕시코·미국·캐나다와 유럽, 동남아시아, 오세아니아까지 빠르게 퍼졌어. 임신부가 이 병에 걸리면 기형적으로 머리가 작은 '소두증' 신생아를 낳을 위험이 크다고 하여, 전 세계에 '지카바이러스 공포'가 확산되었지. 모기에 물려 지카바이러스에

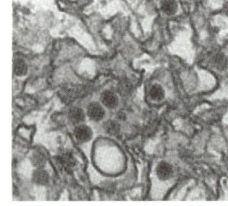
지카바이러스

감염되면 2~7일(길게는 10일)의 잠복기를 거쳐 몸에 열이 나고 눈이 충혈되며, 관절통·근육통·두통 등의 증상을 보인단다. 대부분 일주일쯤 가볍게 앓다가 푹 쉬면 낫는 병이야. 이 병으로 죽은 사람은 없어. 중증 합병증도 드물고……. 지카바이러스를 옮기는 모기는 이집트숲모기로, 우리나라에는 살지 않아. 따라서 우리나라에서 지카바이러스가 퍼질 가능성은 낮은 편이지."

창희는 홍길동 박사의 강의를 들으며 속으로 감탄했습니다.

'박사님은 정말 대단해! 전염병에 대해서는 모르는 것이 없어. 나도 박사님처럼 전염병을 연구하여 전염병 예방 백신을 만들고 싶어.'

창희는 이런 생각을 하며 홍길동 박사를 존경의 눈으로 바라보았습니다.

"이제 마지막으로 광우병에 대해 알아보겠다. 광우병은 20세기에 전 세계를 휩쓸었어. 1986년 5월 영국의 한 농장에서 이상한 소가 모습을 드러냈단다. 소는 처음에 몸무게가 많이 줄더니, 어느 날 갑자기 침을 흘리고 비틀거리며 잘 걷지 못했지. 그러더니 별안간 난폭해져서 마구 발길질을 하는 거야. 그 뒤 몸을 부르르 떨다가 죽어 버렸단다. 이처럼 이상 행동을 보이다가 죽어가는 소는 그 농장에만 있지 않았어. 그 수는 계속 늘어나 이듬해까지 130여 마리의 소가 그렇게 죽어갔단다. 영국 정부는 연구진을 시켜 죽은 소의 뇌를 조사했어. 그랬더니 뇌에 스펀지처럼 구멍이 숭숭 뚫려 있는 거야. 이 수수께끼 질병은 소가 죽기 직전에 미친

듯이 날뛴다고 해서 '미친 소 병', 즉 '광우병'이라 불리었어. 의학적 공식 명칭은 '우해면양뇌병증(BSE)'이었지."

연두가 물었습니다.

"광우병의 원인이 무엇이에요?"

"학자들은 광우병의 원인이 '프리온'이란 단백질임을 밝혀냈어. 프리온(prion)은 단백질(protein)과 바이러스 입자인 비리온(virion)을 합친 말로, '전염력을 지닌 단백질'이란 뜻이야. 보통 바이러스보다 아주 작은데, 바이러스처럼 전염력을 가졌어. 프리온은 사람이나 동물의 뇌세포에 있는 중요한 단백질이야. 그런데 이것이 변형을 일으켜 뇌세포들을 파괴해 광우병이 나타나는 거지. 이 병이 사람들의 관심을 끈 것은 1996년 영국 정부가 광우병에 걸린 소를 먹으면 사람도 이와 비슷한 병에 감염될 수 있다고 발표했기 때문이야. 이 병은 바로 '변종 크로이츠펠트-야콥병'인데 광우병의 증세와 비슷했어. 2008년 4월까지 영국에서 163명, 다른 나라에서 37명이 '인간 광우병'이라 불리는 이 병에 걸려 목숨을 잃었단다."

"크로이츠펠트-야콥병은 무슨 병이에요?"

"크로이츠펠트-야콥병은 사람에게 발생하는 프리온 병이야. 뇌가 스펀지처럼 구멍이 숭숭 뚫리고 치매 증상을 보이다가 죽음에 이르지. '인간 광우병'이 광우병에 걸린 소를 먹어 걸리는 병이라면, 이 병은 변형 프리온 때문에 생기는 병이야. 인간 광우병이 나이에 관계없이 누구나 걸릴 수 있지만 크로이츠펠트–야콥병은 노인층에게만 나타나지. 1970년대 말부터 유럽의 목축업자들은 초식 동물인 소에게 동물의 살과 뼈가 섞인 사료를 먹이기 시작했어. 고단백질인 동물성 사료는 소의 성장을 촉진시키므로 고기를 싼 값으로 생산할 수 있었어. 영국 정부는 이 동물성 사료가 광우병을 일으켰다고 추정하고 있어. 동물성 사료에 사용된 죽은 동물 중에는 광우병과 같은 증상인 '스크래피'라는 병에 걸려 죽은 양이 있어, 그 동물성 사료를 먹은 소들이 광우병에 걸린다는 거야. 스크래피 역시 변형 프리온 때문에 생기는 병이란다. 결국 프리온이 작용을 하여 광우병을 일으켰던 거지. 광우병은 아직 치료제가 개발되지 않았어. 현재는 소의 감염을 막기 위해 동물성 사료 사용을 금하고 있지. '인간 광우병'을 예방하려면 광우병에 걸린 소의 고기를 먹지 말아야 해. 광우병의 공포가 전 세계를 휩쓸었을 때는 쇠고기의 소비가 급격하게 줄었단다."

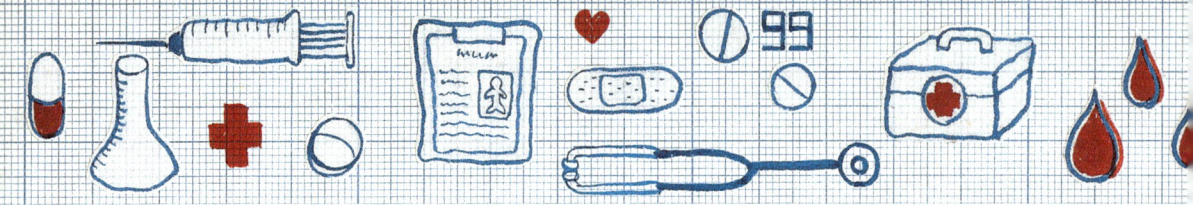

소나 돼지 등이 걸리는 전염병, 구제역

구제역은 소·돼지·양·염소·사슴 등 발굽이 두 갈래로 갈라진 동물에게만 걸리는 급성 전염병이에요. 이 병에 걸리면 열이 높아지고 거품 섞인 침을 많이 흘려요. 입술·혀·잇몸·콧구멍 등에 물집이 생기고, 극심한 통증으로 인해 먹이를 먹지 못하게 되지요. 발굽에도 물집이 생겨 잘 걷지 못해요.

구제역에 감염되면 70~80퍼센트가 죽는데, 전염성이 강해서 한 마리가 걸리면 나머지 가축에게 모두 퍼져요. 그래서 구제역이 돌면 엄격하게 검역하고, 감염되었거나 감염이 의심되는 가축은 모두 도살한 뒤 불태워 버리지요.

1997년 대만에서 구제역이 발생하여 380만 마리의 가축을 도살했으며, 2001년 영국에 구제역이 퍼졌을 때는 1000만 마리의 가축이 희생되었어요. 우리나라에서는 2010년 전파된 구제역으로 350만 마리가 넘는 가축을 매장했답니다.

우리나라 의학자 이호왕 교수가 세계 최초로 발견한 한탄바이러스

유행성출혈열은 바이러스에 의해 일어나는 급성 전염병이에요. 주로 들쥐의 배설물을 통해 전염되지요. 들쥐의 소변이나 대변 또는 침에 들어 있던 바이러스가 사람의 호흡기를 통해 들어와서 이 병을 일으킨답니다.

이 병에 걸리면 심한 감기나 독감의 증상과 비슷하게 고열·오한·두통 등이 나타나요. 그러다가 얼굴과 목이 붉어지고 얼굴·겨드랑이·가슴에 출혈 반점이 돋아나요. 그리고 얼마 뒤엔 신장에 문제가 생겨 오줌을 눌 수 없게 되고, 심한 탈

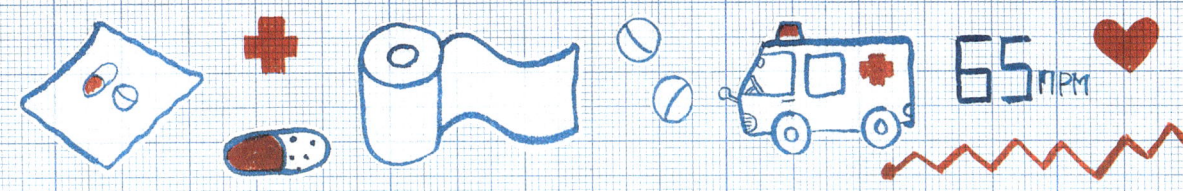

수와 쇼크 등으로 목숨을 잃을 수도 있어요.

유행성출혈열은 우리나라·중국·러시아·일본·스칸디나비아 등에서 주로 발생해요. 우리나라에서는 10~12월에 일어나, 들이나 산에서 많이 활동하는 군인·농민들이 많이 감염되었지요. 6·25전쟁 때는 유엔군 병사 3,200여 명이 유행성출혈열에 걸려 600여 명이 목숨을 잃었어요. 1970년대까지만 해도 이 병의 원인을 아무도 몰랐다고 해요. 그런데 1976년 우리나라 의학자 이호왕* 교수가 등줄쥐의 몸속에서 유행성출혈열을 일으키는 바이러스를 세계 최초로 발견했어요. 그는 바이러스를 발견한 지역인 한탄강의 이름을 따서 '한탄바이러스'라고 이름 지었지요.

이호왕 교수는 유행성출혈열을 예방하는 백신 개발에도 뛰어들어, 1988년 우리나라 신약 개발 제1호인 유행성출혈열 예방 백신 '한타박스'를 만들었어요. 이로써 예방 백신을 보급하기 시작한 1994년까지도 해마다 1,200명 이상 발생하던 유행성출혈열 환자가 점점 줄어들더니, 3년 뒤인 1997년 300여 명 이하로 크게 떨어졌어요.

이호왕 (李鎬汪, 1928년~)

함경남도 신흥에서 태어난 한국의 의사, 바이러스학자이다. 한탄바이러스를 세계 최초로 발견했고, 1980년 서울바이러스를 발견했다.

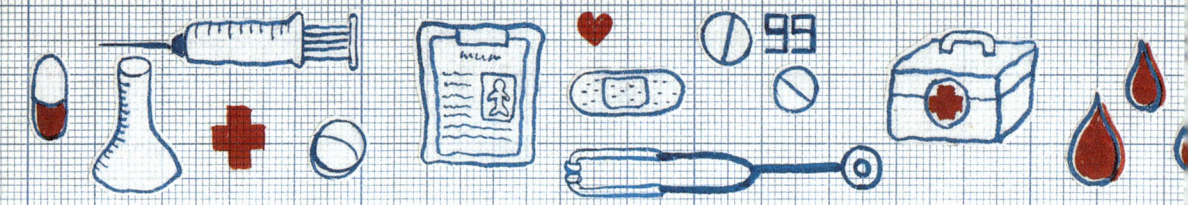

에이즈·광우병·조류독감·사스·에볼라바이러스·메르스·지카바이러스 등 현대의 전염병들에게서 나타나는 공통점은 무엇인가요?

　대부분 바이러스가 일으키는 병이고, 동물이 인간에게 옮기는 '인수 공통 전염병'이에요.

감기와 독감은 어떻게 다른가요?

　감기는 수십 종의 바이러스 때문에 걸리는 데 비해 독감은 오로지 인플루엔자 바이러스 때문에 걸리며 증세가 감기보다 훨씬 심해요.

1988년 우리나라 신약 개발 제1호인 유행성출혈열 예방 백신 '한타박스'를 만든 우리나라의 과학자는?

　이호왕 교수.

제 10 장
전염병을 예방하려면 어떻게 해야 할까?

"인류 역사를 뒤흔든 여러 전염병에 대한 이야기 잘 들었지? 내가 준비한 이야기는 여기까지다. 이제 마지막으로 질문을 받겠다. 혹시 전염병에 대해 궁금한 점이 있으면 물어 보렴."

연두가 손을 들었습니다.

"감염병과 전염병은 어떻게 다른가요?"

"내가 첫 시간에 이야기하지 않았나? 전염병은 세균·바이러스 등의 병원균에 의해 사람에게서 사람으로, 또는 동물에게서 사람으로 전염되는 질병이란다. 그리고 감염병은 감염으로 병이 난다고 해서 붙여진 이름인데, 감염병 중에서도 전염력이 강하여 쉽게 옮기는 질병을 전염병이라고 하지. 하지만 전염병이라고 하면 사람들에게 필요 이상의 공포심을 일으킨다고 해서 2010년부터 보건복지부는 전염병을 감염병이라 부르고 있어. 그러나 나는 전염병은 전염병이라 불러야 한다고 생각해. 우리가 지난 시간에 살펴보았듯이 전염병이 얼마나 많은 사람들의 목숨을 빼앗았니? 우리가 전염병에 대해 조심하고 경각심을 가져야 한다는 점에서, 전염병을 감염병으로 바꾸는 것에 동의할 수 없단다."

창희가 고개를 끄덕였습니다.

"그렇군요. 무슨 뜻으로 그런 말씀을 하시는지 알겠어요. 박사님, 우리나라에서는 전염병의 발생과 유행을 방지하려고, 법률로 제정하여 전염병을 관리하고 있다면서요?"

"그렇지. 우리나라에서는 1954년 전염병 예방법을 제정하여 시행하고 있는데, 오늘날에는 '감염병의 예방 및 관리에 관한 법률'로 전염병의 발생과 유행을 방지하기 위한 노력을 하고 있단다. 그 법률에 따르면, 전염병 가운데 법으로 관리하는 전염병을 '법정 감염병'이라 하여 여섯 가지로 나누었어. 제1군 감염병은 전염력이 빨라 집단 발생의 우려가 커서 환자를 바로 격리해야 하는 전염병이야. 콜레라 · 장티푸스 · 세균성 이질 · 파라티푸스 · 장출혈성 대장균감염증 · A형간염 등 주로 물 또는 식품을 매개로 발생하는 것들이야. 제2군 감염병은 예방 접종을 통해 막을 수 있는 전염병이야. 디프테리아 · 백일해 · 파상풍 · 홍역 · 유행성 이하선염 · 풍진 · 폴리오(소아마비) · B형간염 · 일본뇌염 · 수두 등이 여기에 속해. 제3군 감염병은 수시로 발생할 수 있고 발병 기간이 상당히 길어 계속 감시하고 방역 대책의 수립이 필요한 전염병이야. 말라리아 · 결핵 · 한센병 · 성홍열 · 수막구균성 수막염 · 레지오넬라증 · 비브리오패혈증 · 발진티푸스 · 발진열 · 쯔쯔가무시증 · 렙토스피라증 · 브루셀라

증·탄저병·공수병·신증후군출혈증·인플루엔자·후천성면역결핍증(AIDS)·매독·크로이츠펠트-야콥병·변종 크로이츠펠트-야콥병 등이 있어. 제4군 감염병은 최근에 발생했거나 해외에서 들어올 수 있는 전염병이야. 페스트·황열병·뎅기열·바이러스성 출혈열(마버그열, 라싸열, 에볼라열)·두창·보툴리눔독소증·중증급성호흡기증후군(SARS)·조류인플루엔자 인체감염증·신종인플루엔자·야토병·큐열·웨스트나일열·신종감염병증후군·라임병·진드기매개뇌염·유비저·치쿤구니야열·중동호흡기증후군(MERS)·지카바이러스 등이 있어. 제5군 감염병은 기생충에 감염되어 발생하는 전염병이야. 회충증·편충증·요충증·간흡충증·폐흡충증·장흡충증 등이 있어. 지정감염병은 제1군 감염병부터 제5군 감염병까지의 전염병 외에 유행 여부를 조사하기 위해 감시 활동이 필요한 전염병이야. C형간염·수족구병·임질·클라미디아·연성하감·급성호흡기감염증 등이 있어."

아이들이 놀라는 표정을 지었습니다.

"와아! 전염병이 정말 많군요! 처음 들어 보는 이름들이 정말 많아요."

"그렇게 많은 전염병이 있는데, 전염병을 예방하려면 어떻게 해야 하죠? 예방 주사를 맞아야 하나요?"

세라의 질문에 홍길동 박사가 대답했습니다.

"전염병에 걸리지 않으려면 당연히 예방 주사를 맞아야 하겠지. 이렇게 예방 주사를 맞는 것을 '예방 접종'이라고 해. '감염병의 예방 및 관리에 관한 법률'에 의하면, 시·도지사는 전염병을 예방하기 위해 법정 감염병 가운데 디프테리아·파상풍·백일해·B형간염·결핵·폴리오(소아마비)·홍역·유행성 이하선염·풍진 등에 대해서는 해마다 정기적으로 예방 접종을 실시하도록 하고 있단다. 이렇게 국가에서 국민의 건강을 보호하기 위해 온 국민을 상대로 벌이는 예방 접종을 '기본 접종'이라고 하지. 온 국민을 대상으로 하는 것은 전염성이 강한 질병이기 때문이야. 어느 한 사람이 예방 접종을 하지 않아도 그 질병이 순식간에 퍼져 많은 희생자를 낼 수 있으니까. 그렇지만 온 국민이 빠짐없이 예방 접종을 하면 희생자도 없고 그 질병도 사라지게 되겠지?"

창희가 물었습니다.

"박사님이 말씀하신 기본 접종은 혹시 아기가 태어나면 맞는 예방 주사 아닌가요?"

"옳지, 정확히 알고 있구나. 그런데 그걸 어떻게 알았지? 어렸을 때 예방 주사 맞은 일을 기억하고 있을 리는 없을 테고……."

"헤헤, 그저께 외숙모가 아기를 낳았거든요. 아기가 태어나자마자 B형간염 예방 주사를 맞았다고 하던걸요."

"오, 그랬구나. 아기는 면역력이 약하기 때문에 미리 예방 주사를 놓아 면역력을 길러 주는 거야. 그래야 질병의 위험으로부터 벗어날 수 있거든. 태어난 지 한 달 안에 맞는 결핵 예방 주사나 12~15개월에 맞는 수두 예방 주사는 한 번만 맞아도 면역력이 평생 유지된단다. 하지만 다른 질병들은 한 번에 면역력이 생기지 않아 여러 번 나누어 예방 주사를 맞아. 예를 들면, 홍역·유행성 이하선염·풍진 예방 주사는 두 번, B형간염 예방 주사는 세 번, 폴리오(소아마비) 예방 주사는 네 번, 디프테리아·파상풍·백일해 예방 주사는 다섯 번씩 나누어 맞는단다. 예방 주사는 누구나 맞아야 하는 기본 접종이 있는가 하면, 필요에 따라 골라 맞는 선별 접종이 있어. 독감·A형간염·장티푸스·뇌수막염·신증후군출혈열 등의 예방 주사가 여기에 속하지. 몸이 약한 사람이나 노인·어린이, 특정 질병에 걸릴 위험이 있는 사람이 선별 접종을 하는 거야."

창희가 진지한 표정을 지으며 고개를 주억거렸습니다.

"알겠어요. 박사님한테 들은 이야기를, 내 귀여운 동생을 낳아 준 외숙모에게 꼭 전하겠어요. 아기에게 예방 주사를 잘 맞히라고요. 그런데 박사님, 예방 주사로 맞는 약이 '백신'인가요?"

"물론이지. 백신은 이미 죽었거나 약한 병원균으로 만든 약이야. 이것을 먹거나 주사를 놓아 우리 몸에 투여하는 거지. 백신을 맞으면 우리 몸은 그 병원균을 기억하여, 병원균과 맞서 싸워 이길 수 있는 항체를 만든단다. 그렇게 되면 나중에 진짜 병원균이 들어와도 그것을 거뜬히 물리칠 수 있게 되지. 이렇게 우리 몸에 면역력을 갖게 하는 것이 바로 백신이란다. '백신'이라고 처음 이름 붙인 사람은 파스퇴르야. 그는 닭콜레라를 예방할 수 있는 약을 만들었는데, 이 약을 라틴말로 소를 뜻하는 '바카'에서 따와 '백신'이라고 불렀어. 그것은 제너가 소의 우두를 이용하여 천연두를 예방하는 종두법을 만들었기 때문이야. 이렇게 종두법을 시작으로 천연두·탄저병·광견병·파상풍·디프테리아 등을 예방할 수 있는 백신이 만들어졌어. 그리고 1928년 영국의 세균학자 알렉산더 플레밍★이 최초의 항생제인 페니실린을 개발했어. 페니실린은 폐렴·디프테리아·수막염 등의 치료에 효과가 커서 '기적의 약'이라 불리었단다. 아무튼 전염병을 예방하는 백신 덕분에 전 세계에서 수백만 명이 병에 걸리지 않고, 한 해에 200~300만 명이 목숨을 구한다는구나."

동배가 입을 열었습니다.

"그렇게 많은 전염병이 있지만, 모든 전염병을 예방할 수 있는 백신은 아직 개발되지 않았죠? 우리가 생활 속에서 전염병을 예방하려면 어떻게 해야 하죠?"

"좋은 질문이다. 네 말대로 모든 전염병을 예방할 수 있는 백신은 아직 개발되지 않았어. 그리고 모든 전염병을 치료할 수 있는 약도 만들어지지 않았기 때문에 병에 걸리면 큰 고통을 겪게 되지. 그래서 전염병에 걸리지 않는 것이 중요한데, 생활 속에서 전염병을 예방하는 좋은 방법은

알렉산더 플레밍(1881~1955)

영국의 미생물학자. 1922년 세균을 죽이는 리소자임을 발견·분리했다. 페니실린의 발견으로 1945년 공동 연구자인 E.B.체인, H.W.플로리와 함께 노벨생리·의학상을 수상하였다.

손 씻기야. 손에는 세균이 6만 마리나 있어, 손을 깨끗이 씻기만 해도 전염병의 80퍼센트를 예방할 수 있단다."

"와아! 손 씻기가 그렇게 중요하군요. 박사님, 요즘은 전염병이 왜 그리 빨리 퍼져 나가죠? 교통수단이 발달해서인가요?"

다은이가 묻자 홍길동 박사가 대답했습니다.

"당연하지. 비행기만 타면 세계 어느 곳이든 하루 만에 다 도착할 수 있잖아. 아프리카 밀림에서 새로운 전염병이 발생하면 전 세계로 퍼지는 데 24시간이 채 안 걸릴 걸. 이런 세상이니 전염병이 날개를 단 듯 세계 곳곳으로 빠르게 전파되는 거야. 따라서 모든 나라에서는 자기네 나라로 전염병이 들어오는 것을 막으려고 공항과 항구에서 검역을 철저히 하고 있어. 그 덕분에 조류독감·신종플루·사스·에볼라바이러스·지카바이러스 등이 유행했을 때도 전 세계로 퍼지는 것을 막고 진정시킬 수 있었어. 하지만 앞으로 전염병 위기는 더 자주, 더 심각하게 찾아올 게 확실하다고 전문가들은 내다보고 있지. 따라서 세계의 모든 나라들이 서로 공조하며 전염병의 예방과 차단에 온 힘을 쏟고 있단다."

"우리나라에서는 전염병이 발생하면 어떤 조치를 취하나요?"

"'감염병 예방 및 관리에 관한 법률'에 따르면, 전염성이 강한 전염병 환자가 발생하면 이를 진단한 의사 또는 한의사가 관할 보건소장을 거쳐 시·도지사에게 의무적으로 신고하도록 하고 있어. 그리고 다른 사람들에게 전염시킬 우려가 있다고 인정되는 사람은 격리·수용하여 치료한단다."

"그렇군요. 전염병에 대한 이야기 잘 들었어요. 박사님의 전염병 연구소에서는 전염병 백신과 치료제를 개발하고 있나요?"

창희는 매우 궁금하다는 듯 눈을 반짝이며 이렇게 물었습니다.

"하하, 네가 10년 뒤에 전염병 연구소에 들어오기로 했지? 당연히 궁금하겠구나. 우리 연구소는 의과 대학에 딸린 연구소야. 현재 말라리아·에이즈·에볼라바이러스·메르스·지카바이러스 등 여러 전염병을 예방할 백신과 그 치료제를 개발하고 있단다. 우리는 10년 안에 전염병을 완전히 없앨 효과 만점의 신약을 만들어 세상에 널리 보급하는 것을 목표로 하고 있지."

창희는 홍길동 박사의 대답을 듣고 가슴이 뛰었습니다.

'그래, 나도 홍길동 박사님처럼 전염병 연구와 신약 개발에 뛰어드는 거야.'

창희는 2015년 가을, 텔레비전 뉴스에서 보았던 한 장면이 머릿속에 떠올랐습니다. 중국에서 개똥쑥으로 새로운 말라리아 치료제를 개발한 중국의 할머니 과학자 투유유가 노벨 생리·의학상을 받게 되었다며 방송사 중국 특파원과 인터뷰를 하는 장면이었습니다.

창희는 50년쯤 뒤 전염병 신약 개발의 공로로 노벨상을 타는 자신의 모습을 떠올려 보았습니다. 갑자기 기분이 좋아져 저절로 입이 벌어졌습니다.

'나는 할 수 있어. 세계 최고의 전염병 학자가 되는 거야.'

창희는 속으로 굳게 다짐했습니다.

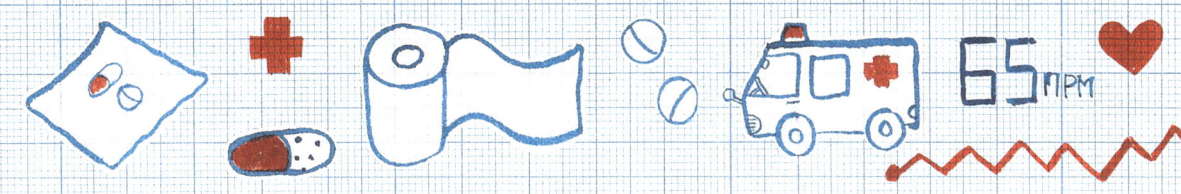

손 씻기를 강조해 산모들의 목숨을 구한 의사, 제멜바이스

헝가리에서 태어나 오스트리아의 대학에서 의학을 공부한 이그나즈 제멜바이스*는, 1846년부터 빈 종합 병원의 조교 의사로 일하기 시작했어요. 그 병원에는 산부인과 병동이 있었어요. 산부인과 병동은 제1동과 제2동으로 나뉘어 있었는데, 일 년에 각각 3,500여 명의 산모가 입원하여 아기를 낳았어요. 그런데 희한하게도 제1동에서는 600명쯤의 산모가 죽는 데 비해, 제2동에서는 60명쯤의 산모가 목숨을 잃었어요. 산모들을 죽음으로 모는 병은 출산 직후 고열과 오한, 복통과 두통에 시달리다가 숨지는 '산욕열'이었어요. 아기를 낳다 입은 상처에 균이 침투하여 감염으로 죽게 되는 병이었지요. 하지만 당시에는 이 병의 원인을 전혀 알지 못했어요.

> **이그나즈 제멜바이스**
> (1818~1865)
> 산부인과에서 일하면서, 의사들이 수술하기 전에 손을 깨끗이 씻을 경우 산모의 감염 사망률이 현저히 떨어진다는 사실을 발견했다. 그는 이 사실을 학계에 발표했으나, 산모들의 감염 사망이 의사들의 책임이냐며 다른 의사들에게 오히려 공격을 받았다.

제멜바이스는 제1동과 제2동이 어째서 산모의 사망률이 그리 큰 차이를 보이는지 알아보았어요. 그 결과, 제1동에서는 의사나 의과 대학생이 산모에게서 아기를 받고, 제2동에서는 조산원이 아기를 받는다는 사실을 알아냈어요.

어느 날 제멜바이스는 제1동 병동에서 의사나 의과 대학생이 매일 시체를 해부하던 더러운 손으로 산모에게서 아기를 받는다는 것을 확인했어요.

'이제 원인을 찾아냈다. 깨끗하지 않은 손으로 아기를 받아 병균이 산모에게 옮긴 거야.'

제멜바이스는 그 뒤부터 제1동의 의사와 의과 대학생들에게 손을 깨끗이 씻고 아기를 받도록 조치했어요. 그러자 놀랍게도 제1동에서는 산욕열로 숨지는 산모

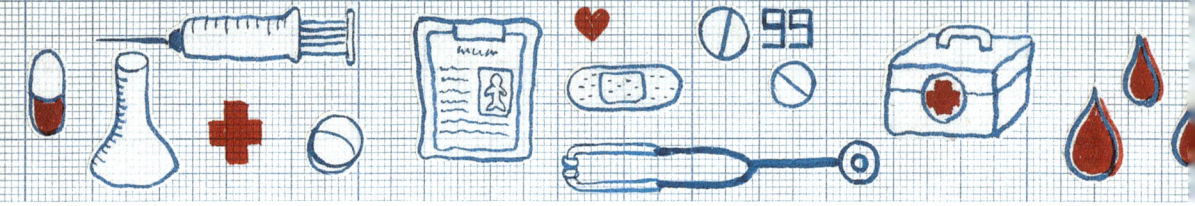

의 수가 제2 병동 수준으로 떨어졌지요.

제멜바이스는 이때 손 씻기의 중요성을 깨달았어요. 그래서 의사들에게 손 씻기를 강조했지요. 하지만 의사들은 그의 말을 듣지 않았어요. 더러운 손이 병균을 옮긴다는 것은 생각도 못하고, 오히려 더러운 손을 훈장처럼 여기며 씻지도 않고 환자들을 진찰했어요.

의사들의 태도에 실망한 제멜바이스는 정신병에 걸려 병원에 입원하였고, 끝내 세상을 뜨고 말았어요.

그러나 뒷날 세균학에서 세균과 바이러스가 병을 일으킨다는 사실이 밝혀져, 그의 주장이 옳다는 것이 증명되었답니다.

옛날 사람들은 전염병을 퍼뜨리는 귀신을 쫓으려고 동짓날 팥죽을 끓였다?

우리나라에서는 오랜 옛날부터 동짓날에는 어느 집에서나 꼭 팥죽을 쑤어 먹었어요. 이 팥죽을 '동지 팥죽'이라고 해요.

팥을 고아 죽을 만들고, 여기에 찹쌀가루를 반죽해 새알만 한 크기의 새알심을 만들어 넣어 끓이지요.

이렇게 만든 팥죽은 먼저 사당에 올려 차례를 지냈어요. 그러고는 안방, 대청마루, 곳간, 부엌, 마당 등에 팥죽을 한 그릇씩 떠다 놓았으며, 대문이나 벽에는 팥죽을 수저로 떠서 뿌렸지요. 팥죽이 식은 뒤에는 온 식구들이 모여 나눠 먹었답니다.

팥죽을 집 안 여러 곳에 놓는 이유는 나쁜 귀신을 모조리 쫓기 위해서예요. 팥

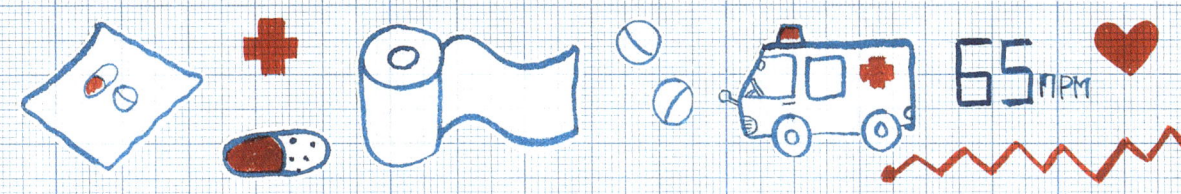

의 붉은색이 귀신을 쫓는다고 믿었거든요.

동짓날에 팥죽을 쑤어 나쁜 귀신을 쫓게 된 데는 다음과 같은 이야기가 전해지고 있어요.

옛날 중국 요순시대에 공공씨라는 사람이 있었는데, 그에게는 망나니 아들이 있었어요. 이 아들은 동짓날 죽어서 전염병을 퍼뜨리는 귀신인 역귀가 되었지요.

그 아들은 살아 있을 때 팥을 몹시 무서워했다고 해요. 그래서 사람들은 역귀를 쫓으려고 동짓날 팥죽을 쑤게 된 거예요.

이렇게 중국에서 시작된 동지 팥죽은 우리나라에도 전해져 풍습이 되었지요.

우리나라에서는 전염병이 돌 때에 우물에 팥을 넣었어요. 질병이 없어지고 물이 맑아진다고 믿었기 때문이에요. 또한 초상집에 팥죽을 쑤어 보내기도 했는데, 이는 초상집에 나쁜 귀신들이 들어오는 것을 막기 위해서예요.

농가에서는 팥죽으로 농사를 점쳤어요. 팥죽이 금방 쉬면 다음 해 풍년이 든다고 믿었답니다.

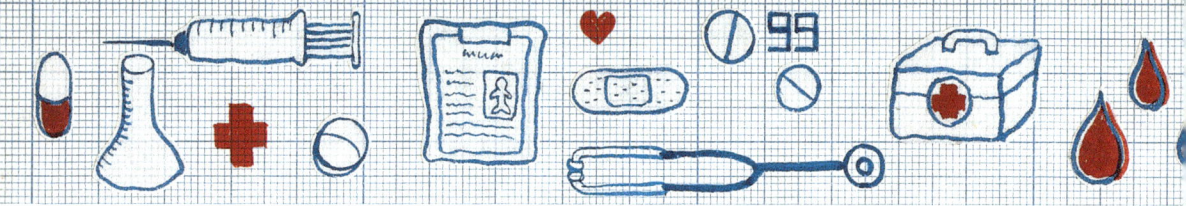

 이것은 꼭 알아 두어요.

국가에서 국민의 건강을 보호하기 위해 온 국민을 상대로 벌이는 예방 접종을 '기본 접종'이라고 해요. '감염병의 예방 및 관리에 관한 법률'에 의해, 정기적으로 예방 접종을 실시하는 법정 감염병을 알아보아요.

디프테리아 · 파상풍 · 백일해 · B형간염 · 결핵 · 폴리오(소아마비) · 홍역 · 유행성 이하선염 · 풍진 등이에요.

최초의 항생제인 페니실린을 개발하여 폐렴 · 디프테리아 · 수막염 등을 치료할 수 있게 한 사람은?

영국의 세균학자 알렉산더 플레밍.

미세한 물질이 병을 일으킬 수 있다는 사실을 알고 손 씻기를 강조한 의사는?

이그나즈 제멜바이스.

■ 참고 문헌

*〈감염병학〉, 배시애, 대왕사, 2014
*〈격동의 시대 19세기 조선의 생활모습〉, 김철수, 상생출판, 2010
*〈고통받는 몸의 역사〉, 자크 르 고프·장 샤를 수르니아 편, 장석훈 옮김, 지호, 2000
*〈과학자들은 싫어할 오류와 우연의 과학사〉, 페터 크뢰닝 지음, 이동준 옮김, 이마고, 2005
*〈기니피그 사이언티스트〉, 레슬리 덴디·멜 보링 지음, 최창숙 옮김, 다른, 2006
*〈기생충, 우리들의 오래된 동반자〉, 정준호, 후마니타스, 2011
*〈기회를 기다리는 괴물 바이러스〉, 네로메 구니아키 지음, 노은주 옮김, UPA, 2005
*〈그리스 민담〉, 요르고스 A. 메가스 엮음, 유재원·마은영 옮김, 예담, 2015
*〈나의 서양사 편력〉 1~2, 박상익, 푸른역사, 2014
*〈나폴레옹 평전〉, 조르주 보르도노브 지음, 나은주 옮김, 열대림, 2008
*〈노벨상이 만든 세상〉(생리·의학), 이종호, 나무의꿈, 2000
*〈놀라운 발견들〉, 프랭크 애설 지음, 구자현 옮김, 한울, 1996
*〈놀랍다! 과학의 발견과 발명〉 3, 5~7, 9~10, 외르크 마이덴바우어 엮음, 정명진 옮김, 생각의나무, 2006
*〈누구나 알아야 할 모든 것 세계사〉(자연과학과 철학), 레베카 퍼거슨 지음, 김충섭·김도형·오채환 옮김, 작은책방, 2015
*〈늑대는 어떻게 개가 되었나〉, 강석기, MID, 2014
*〈대항해 시대〉, 주경철, 서울대학교출판부, 2008
*〈두산 세계대백과사전〉, 두산동아, 1996
*〈디스토리〉, 양평, 깊은강, 2003
*〈런던 이야기〉, 미셸 리, 추수밭, 2015
*〈명의〉, 송영주, 한국일보사, 1993
*〈명작 속의 질병 이야기〉, 김애양, 황금알, 2014
*〈모기가 슬픈 이유〉, 수렌드라 버마 지음, 박영옥 옮김, 열음사, 2008
*〈모자이크 세계 지리〉, 이우평, 현암사, 2011
*〈모험과 교류의 문명사〉, 주경철, 산처럼, 2015
*〈문명과 바다〉, 주경철, 산처럼, 2009
*〈미국사 산책〉 1, 강준만, 인물과사상사, 2010
*〈미국을 제대로 알면 우리의 오늘과 내일이 보인다〉, 이경원, 신원문화사, 2014
*〈미스터리와 진실〉 1, 이종호, 북카라반, 2013
*〈바이러스 습격 사건〉, 앨런 P. 젤리코프·마이클 벨모 지음, 송광자 옮김, 알마, 2011
*〈박성래 교수님의 들려주는 친절한 과학사〉, 박성래, 문예춘추사, 2006
*〈배신과 음모의 세계사〉, 이와타 슈젠 편저, 오수근 감역, 매일경제신문사, 2014
*〈100가지 과학의 대발견〉, 켄들 헤븐 지음, 박미용 옮김, Gbrain, 2010
*〈100 디스커버리〉, 피터 매시니스 지음, 이수연 옮김, 생각의날개, 2011
*〈보건과 문명〉, 조지 로젠 지음, 이종찬·김관욱 옮김, 몸과마음, 2009

*〈보이는 세상 보이지 않는 세상〉, 이강옥, 보림, 2004
*〈불량 직업 잔혹사〉, 토니 로빈슨·데이비드 윌콕 지음, 신두석 옮김, 한숲, 2005
*〈브리태니커 세계대백과사전〉, 한국브리태니커회사, 1992
*〈사람을 구하는 집, 제중원〉, 박형우·박윤재, 사이언스북스, 2010
*〈사이언티스트 100〉, 존 시몬스 지음, 여을환 옮김, 세종서적, 1997
*〈사이언티픽 퓨처〉, 김수병, 한송, 2000
*〈살아 있는 모든 것의 정복자 곤충〉, 메이 R. 베렌바움 지음, 윤소영 옮김, 다른세상, 2005
*〈살인 바이러스의 비밀〉, 하타나카 마사카즈 지음, 김정환 옮김, 꾸벅, 2009
*〈3일 만에 읽는 세상을 바꾼 과학자 100〉, 존 발친 지음, 장정인 옮김, 서울문화사, 2011
*〈상식 밖의 발명사〉, 히라다 유타카 지음, 선완규 옮김, 중원문화, 2010
*〈서민의 기생충 열전〉, 서민, 을유문화사, 2013
*〈세계사를 뒤흔든 16가지 발견〉, 구트룬 슈리 지음, 김미선 옮김, 다산초당, 2008
*〈세계사 칵테일〉, 역사의 수수께끼연구회 지음, 홍성민 옮김, 웅진윙스, 2007
*〈생명 진화의 숨은 고리—기생〉, 박성웅·서민·정준호 외, MID, 2014
*〈생물 에세이〉, 윤소영, 동녘, 1991
*〈생물의 세계〉, 권오길, 웅진, 1998
*〈생활과 과학〉, 김영해·이철호·홍성엽, 자유아카데미, 2010
*〈서양인의 조선살이, 1882~1910〉, 정성화·로버트 네프, 푸른역사, 2008
*〈서울 개화백경〉, 박경룡, 수서원, 2006
*〈서프라이즈 세계사 100〉, 릭 바이어 지음, 채희석 옮김, 한숲, 2004
*〈세계를 바꾼 20가지 공학 기술〉, 이인식 외, 생각의나무, 2004
*〈세계사를 움직인 100대 사건〉, 박영흠·김소정 엮음, 청아출판사, 2011
*〈세계사의 비밀 220장면〉, 외르크 마이덴바우어 지음, 안미현 옮김, 민음in, 2008
*〈세계사 칵테일〉, 역사의수수께끼연구회 지음, 홍성민 옮김, 웅진윙스, 2007
*〈세계사 캐스터〉, 로라 리 지음, 박지숙 옮김, 웅진지식하우스, 2007
*〈세계사 콘서트〉, 안효상, 지식갤러리, 2014
*〈세계 역사의 미스터리〉 하, 양지에 지음, 문소라 옮김, 북공간, 2007
*〈세계 전쟁사 다이제스트 100〉, 정토웅, 가람기획, 2010
*〈세균과의 전쟁, 질병〉, 로버트 멀케히 지음, 강윤재 옮김, 지호, 2002
*〈세상을 바꾼 작은 우연들〉, 마리노엘 샤를 지음, 김성희 옮김, 윌컴퍼니, 2014
*〈세상을 바꾼 전염병〉, 예병일, 다른, 2015
*〈세상의 모든 지식〉, 김흥식, 서해문집, 2007
*〈스캔들 세계사〉 3, 이주은, 파피에, 2014
*〈신종 질병의 세계〉, 드브루아즈 지음, 심영섭 옮김, 현실문화, 2012
*〈어, 그래?~세계사〉, 이규조, 일빛, 1998
*〈어메이징 세계사〉, 도현신, 서해문집, 2012
*〈에코데믹, 새로운 전염병이 몰려온다〉, 마크 제롬 월터스 지음, 이한음 옮김, 북갤럽, 2004
*〈역사가 기억하는 세계 100대 과학〉, 양허 편저, 원녕경 옮김, 꾸벅, 2010

*〈역사가 기억하는 세계 100대 의학〉, 왕문샤 편저, 김정자 옮김, 꾸벅, 2011
*〈역사가 기억하는 세계 100대 전쟁〉, 리저 편저, 송은진 옮김, 꾸벅, 2015
*〈역사가 기억하는 식민지 쟁탈〉, 궈팡 편저, 홍지연 옮김, 꾸벅, 2013
*〈역사가 기억하는 정복과 확장〉, 궈팡 편저, 정주은 옮김, 꾸벅, 2012
*〈역사가 의학을 만났을 때〉, 황상익, 푸른역사, 2015
*〈역사를 바꾼 놀라운 질병들〉, 리차드 고든 지음, 최상전 옮김 에디터, 2005
*〈역사를 바꾼 100가지 실수들〉, 빌 포셋 지음, 권춘오 옮김, 매일경제신문사, 2013
*〈역사를 바꾼 31명의 별난 환자들〉, 리차드 고든 지음, 김철중 옮김, 에디터, 2001
*〈역사를 수놓은 발명 250가지〉, 토머스 J. 크로웰 지음, 박우정 옮김, 현암사, 2011
*〈역사상 가장 위대한 발명 150〉, 미셸 리발 지음, 강주헌 옮김, 예담, 2013
*〈역사 속의 의인들〉, 황상익, 서울대학교출판부, 2004
*〈역사 in 시사〉, 이인경, 북하우스, 2009
*〈역사 잡학 사전〉, 앤털 패러디 지음, 강미경 옮김, 보누스, 2010
*〈옛날 이야기 꾸러미〉 1, 최인학 · 엄용희 편저, 집문당, 2003
*〈오래된 신세계〉, 숀 윌리엄 밀러 지음, 조성훈 옮김, 너머북스, 2013
*〈왜, 독감은 전쟁보다 독할까〉, 브린 바너드 지음, 김율희 옮김, 다른, 2011
*〈왜 하필이면 세균이었을까〉, 존 월러 지음, 이미리나 옮김, 몸과마음, 2004
*〈워 스토리〉, 양대규, 교학사, 2006
*〈위대한 과학자들〉, 앤드류 로빈슨 편저, 이창우 옮김, 지식갤러리, 2012
*〈위대한 발견의 숨겨진 역사〉, 월터 그라처 지음, 김우열 옮김, 청림출판, 2005
*〈위대한 세계사〉, 이안 크로프턴 지음, 박유진 · 이시은 옮김, 지식갤러리, 2012
*〈유대인 이야기〉, 홍익희, 행성:B잎새, 2013
*〈유태인 오천년사〉, 강영수, 청년정신, 2003
*〈의학사를 이끈 20인의 실험과 도전〉, 크리스티안 베이마이어 지음, 송소민 옮김, 주니어김영사, 2010
*〈의학사의 이단자들〉, 줄리 M. 펜스터 지음, 이경식 옮김, Human&Books, 2004
*〈의학사의 터닝 포인트 24〉, 로버트 E. 애들러 지음, 조윤정 옮김, 아침이슬, 2007
*〈의학의 역사〉, 재컬린 더핀 지음, 신좌섭 옮김, 사이언스북스, 2006
*〈의학, 인문으로 치유하다〉, 예병일, 한국문학사, 2015
*〈의학 오디세이〉, 강신익 · 신동원 · 여인석 · 황상익, 역사비평사, 2007
*〈의학 콘서트〉, 로이 퍼터 지음, 이충호 옮김, 예 · 지, 2007
*〈20세기 이야기〉(1990년대), 김정형, 답다, 2014
*〈21세기 과학, 어떻게 오는가〉, 아서 S. 그레고르 지음, 과학세대 옮김, 우리시대사, 1996
*〈21세기 웅진학습백과사전〉, 웅진닷컴, 1998
*〈이야기 러시아사〉, 김경묵, 청아출판사, 2004
*〈이재담 교수의 간추린 의학의 역사〉, 이재담, 광연재, 2005
*〈인간과 동물〉, 김옥진, 동일출판사, 2014
*〈인간의 역사를 바꾼 전쟁 이야기〉, 남경태, 풀빛, 1998
*〈인류사를 바꾼 100대 과학 사건〉, 이정임, 학민사, 2011

*〈인류 우리 모두의 이야기〉, 패멀라 D. 톨러 지음, 안희정 옮김, 다른, 2014
*〈인류 최대의 적, 모기〉, 앤드루 스필먼 외 지음, 이동규 옮김, 해바라기, 2002
*〈인물로 보는 의학의 역사〉, 황상익, 여문각, 2004
*〈일반인을 위한 결핵 가이드〉, 편유장, 고려의학, 2002
*〈재미있는 서양사 여행〉, 권오신 외, 단비, 2013
*〈전염병과 역사〉, 셸던 와츠 지음, 태경섭·한창호 공역, 모티브북, 2009
*〈전염병과 인류의 역사〉, 윌리엄 H. 맥닐 지음, 허정 옮김, 한울, 1998
*〈전염병의 문화사〉, 아노 카렌 지음, 권복규 옮김, 사이언스북스, 2001
*〈전쟁과 기상〉 상, 반기성, 명진출판, 2001
*〈전쟁의 판도를 바꾼 전염병〉, 예병일, 살림, 2007
*〈제중원·세브란스 사람들〉, 신규환·박윤재, 역사공간, 2015
*〈제중원 이야기〉, 김상태, 웅진지식하우스, 2010
*〈조복성 곤충기〉, 조복성 지음, 황의웅 엮음, 뜨인돌, 2011
*〈조선 과학 인물 열전〉, 김호, 휴머니스트, 2003
*〈조선 무속고〉, 이능화 지음, 서영대 역주, 창비, 2008
*〈조선 왕조 500년 괴담〉, 김현룡, 자유문학사, 2004
*〈중세의 뒷골목 풍경〉, 양태자, 이랑, 2011
*〈지식의 원전〉, 존 캐리 편저, 이광렬 외 옮김, 바다출판사, 2015
*〈질병의 역사〉, 프레더릭 F. 카트라이트·마이클 비디스 지음, 김훈 옮김, 가람기획, 2004
*〈천재 과학자들의 유쾌한 발상〉, 야마다 히로타카 지음, 김자영 옮김, 함께, 2006
*〈초대하지 않은 손님, 전염병의 진화〉, 최석민, 프로네시스, 2007
*〈콜럼버스가 바꾼 세계〉, 앨프리드 W. 크로스비 지음, 김기윤 옮김, 지식의숲, 2006
*〈콜럼버스의 교환〉, 황상익, 을유문화사, 2014
*〈콜레라는 어떻게 문명을 구했나〉, 존 퀘이조 지음, 황상익·최은경·최규진 옮김, 메디치, 2012
*〈클라시커 50 발명〉, 베른트 슈 지음, 이온화 옮김, 해냄, 2004
*〈키워드로 읽는 세계사〉, 휴 윌리엄스 지음, 박준호 옮김, 일월서각, 2012
*〈하룻밤에 읽는 물건사〉, 미야자키 마사카츠 지음, 오근영 옮김, 중앙 M&B, 2003
*〈하룻밤에 읽는 유럽사〉, 윤승준, 랜덤하우스중앙, 2004
*〈하리하라의 몸 이야기〉, 이은희, 해나무, 2010
*〈학원세계대백과사전〉, 학원출판공사, 2000
*〈한국민족문화대백과사전〉, 한국정신문화연구원, 1991
*〈한국세계대백과사전〉, 동서문화, 1995
*〈한국의 과학자 33인〉, 신동호, 까치, 1999
*〈한탄강의 기적〉, 이호왕, 시공사, 1999
*〈호열자, 조선을 습격하다〉, 신동원, 역사비평사, 2004
*〈호환 마마 천연두〉, 신동원, 돌베개, 2013
*〈흑인 잔혹사〉, 김진묵, 한양대학교출판부, 2011
*〈히스토리아 노바〉, 주경철, 산처럼, 2013